Gisela Preuschoff

Mädchen!

Wie sie glücklich heranwachsen

Gisela Preuschoff

Mädchen!
Wie sie glücklich heranwachsen

beustverlag

Bibliografische Information Der Deutschen Bibliothek
Die Deutsche Bibliothek verzeichnet diese Publikation in der Deutschen Nationalbibliografie; detaillierte bibliografische Daten sind im Internet über http://dnb.ddb.de abrufbar.

1. Auflage 2003

FOTOS: Archiv beustverlag; Helen u. Clive Dorman, Richmond/GB; Dr. Thomas Göbel, Trier; Gisela Preuschoff, Ausackerholz; Frauke Westphal, Oldenburg
LEKTORAT: Jürgen Bolz, Friedberg
LAYOUTDESIGN, SATZ UND PRODUKTION: CURA MEDIA, Gilching
UMSCHLAGDESIGN: ZERO Werbeagentur, München
DRUCK UND BINDUNG: Ebner & Spiegel, Ulm

ISBN 3-89530-087-X

Printed in Germany

Inhalt

Vorwort

Meine Freundin Angela ist überglücklich. Sie ist soeben Großmutter eines kleinen Mädchens geworden. Das Kind heißt Ronja. »Der Name ist ja geradezu ein Programm«, beglückwünsche ich sie und freue mich mit ihr.

Denn *Ronja Räubertochter* aus dem gleichnamigen Roman von Astrid Lindgren zählt zu den Mädchenfiguren in der Kinderliteratur, die mich von Herzen anrühren und erfrischen. Sie wurde in einer Gewitternacht geboren, und ihre Mutter Lovis sang bei der Geburt. Ronja ist mutig und hat manchmal auch Angst. Sie schätzt die Natur, aber sie kennt auch deren Gefahren. Sie liebt ihre Eltern und sieht zugleich ihre Schwächen. Und sie kämpft wie ein kleiner Löwe gegen die sinnlose und dumme Feindschaft zwischen zwei Räuberbanden und das Räuberleben überhaupt. Sie steht zu ihren Überzeugungen, und sie steht zu ihrem Freund, den sie genauso mag wie sich selbst.

»Was sollten die Eltern eines Mädchens besonders beachten?«, frage ich meine Freundin.

»Sie sollten sich als Erstes auf die Suche nach ihren inneren Bildern machen«, antwortet sie mir. »Sie sollten sich fragen: ›Was bedeutet es für *mich*, dass es ein Mädchen ist?‹«

»Und warum ist das wichtig?«

»Damit sie das Kind und sein künftiges Leben nicht mit einem unbewussten Auftrag belasten, indem sie zum Beispiel sagen: ›Sie soll auf keinen Fall so werden, wie meine Mutter.‹ Oder: ›Sie darf nicht so verhätschelt werden wie meine Schwester.‹ Oder: ›Sie soll sich durchsetzen können wie Frau Thatcher.‹ Wenn Eltern sich über ihre inneren Bilder im Klaren sind, können sie sich selbst mit einem Lächeln davon distanzieren oder auch dazu stehen. Das Mädchen hat dann später die Chance, gegen diese Erwartung zu rebellieren oder die zugedachte Rolle bewusst anzunehmen.«

Da ist er, nein *sie* also nun: ein kleiner Mensch, ein Mädchen! Reagieren Eltern immer so wie meine Freundin Angela – oder steht nicht eine ganz andere Frage im Mittelpunkt, nämlich die nach dem Geschlecht des Kindes?

Ich erinnere mich noch gut an das Jahr 1987. Ich hatte schon drei Söhne und war wieder schwanger. »Wenn es wieder ein Sohn wird, möchte ich mich darauf vorbereiten«, dachte ich. »Und wenn es ein Mädchen ist, freue ich mich ganz besonders – ich kann es nicht leugnen.« Aus diesen Gründen ließ ich eine Fruchtwasseruntersuchung durchführen, obwohl ich mir auch viele Gedanken über die Begleiterscheinungen machte, die mit diesem Eingriff verbunden sind. Würde ich das Kind abtreiben wollen, wenn es nicht gesund wäre? Zum Glück musste ich diese Frage nie wirklich beantworten. Mir wurde dabei allerdings bewusst, dass ich mich tief im Innern längst für das Kind entschieden hatte.

Auch heute lautet die am häufigsten gestellte Frage werdender Eltern: Welches Geschlecht wird unser Kind haben?

Schließlich brachte ich ein gesundes Mädchen zur Welt! Was ich aber nie vergessen habe: Das Geschlecht wurde mir erst zu einem Zeitpunkt mitgeteilt, zu dem ein Schwangerschaftsabbruch nicht mehr in Frage kam. »Damit nicht Kinder abgetrieben werden, weil sie das ›falsche‹ Geschlecht haben«, erklärte man mir.

Jedes Kind ist in meinen Augen ein wunderbares, einzigartiges Geschenk. Doch trotz aller Individualität gibt es erkennbare

Unterschiede zwischen den Geschlechtern. So sind es immer noch die Frauen, die die Kinder bekommen. Aber auch Eigenheiten, die nicht so offensichtlich sind, trennen die Geschlechter voneinander. Oftmals sind es Eigenschaften und Fähigkeiten, die so fein aufeinander abgestimmt und wunderbar zu entdecken sind, dass wir nur staunen können. Frauen haben zum Beispiel ein feineres Gehör als Männer und können hohe Töne – Frequenzen, in denen Babys bekanntlich schreien – besser unterscheiden. Bereits nach einer Woche können weibliche Säuglinge die Stimme ihrer Mutter und das Weinen eines ebenfalls im Raum befindlichen Babys von anderen Geräuschen unterscheiden. Jungen können das nicht, behaupten Allan und Barbara Pease (Pease 2002; Seite 64). Außerdem nehmen Frauen Details visuell besser wahr – eine Fähigkeit, die im Umkreis eines Kleinkindes von großer Bedeutung ist.

Heutzutage sind erstmals ganze Forschungszweige damit beschäftigt, die Unterschiede zwischen Mädchen und Jungen, Männern und Frauen zu ermitteln. Sind sie biologisch vererbt oder auch gesellschaftlich bedingt? Es waren vor allem Frauen, die festgestellt haben, dass in der sozialwissenschaftlichen und medizinischen Forschung der vergangenen Jahrzehnte hauptsächlich Jungen und Männer untersucht wurden. Die Wissenschaftlerinnen ärgerten sich nicht nur darüber, sondern trugen mit Ihrer Arbeit dazu bei, dass nunmehr auch Mädchen und Frauen ins Blickfeld der Wissenschaft kamen.

Wie gehen wir mit dem Geschlecht unserer Kinder um?

Ob man einen Jungen oder ein Mädchen bekommt, so scheint es, macht für uns Eltern – abgesehen davon, dass wir uns vor allem Kinder wünschen, die gesund zur Welt kommen – doch einen Unterschied. Die entscheidenden Fragen, die wir uns deshalb stellen sollten, lauten: Was schließen *wir* aus dem Geschlecht unseres Kindes? Und: Wie gehen wir damit um?

Das Thema »Junge oder Mädchen?« ist offenbar alt, denn schon viele Märchen sprechen es an. In *Die zwölf Brüder* beschließt der König, dass alle Söhne sterben sollen, wenn das dreizehnte Kind ein Mädchen wird. In *König Lindwurm* erfährt die Königin, dass sie durch den Verzehr einer roten oder weißen Rose entscheiden kann, ob sie ein Mädchen oder einen Jungen bekommt. Sie entscheidet sich zunächst für ein Mädchen, weil bei einem Jungen die Gefahr besteht, dass er in den Krieg ziehen muss und stirbt.

Auch heute noch spielt die Frage »Junge oder Mädchen?« rund um den Globus eine bedeutende Rolle bei den Überlegungen zur Familienplanung:

- In Europa wünschen sich laut Umfragen wieder mehr Ehepaare ein Mädchen statt einen männlichen »Stammhalter« als erstes Kind – vielleicht in der Hoffnung, dass Mädchen sich später eher um ihre alt gewordenen Eltern kümmern.
- In China sollen Eltern nur ein einziges Kind bekommen – und das soll dann möglichst ein Junge sein. Mädchen sind unerwünscht und werden vielfach abgetrieben.
- In einigen Ländern Afrikas ist die Verstümmelung der weiblichen Geschlechtsteile noch Sitte. Welche Art Sexualität wird Frauen und Mädchen heute zugestanden? Wie denken Sie darüber? Wie sieht ihre Vorstellung von einem Mädchen aus? Beantworten Sie diese Frage, und vergleichen Sie Ihre Auffassung mit der Ihres Partners und den Stellungnahmen anderer Menschen. Es geht hierbei um ein sehr wichtiges Thema: Projektion.

Mein Ziel ist es, Sie, liebe Leser, mit diesem Buch empfänglich zu machen für das, was Experten »doing gender« nennen: Im Gegensatz zu »sex«, das Geschlecht, mit dem ein Kind geboren wird, ist »gender« das, was eine Gesellschaft daraus macht. Indem wir unseren Töchtern ein bestimmtes Rollenverhalten vorleben und ihnen durch Medien, Verhalten und Erziehung zeigen, was es heißt, eine Frau zu sein, wirken wir an diesem Rollenverständnis aktiv mit: *doing gender.*

Was wünschen Sie sich für Ihre Tochter? Ab welchem Alter wird sie zum Mädchen gemacht? Mit wie viel Monaten oder Jahren soll sie ihre erste Kette tragen? Und wann sollen ihr Ohrlöcher gestochen werden? Manche Eltern haben da ganz klare Vorstellungen! Und niemand wird sie davon abbringen können.

Was ist das Besondere daran, ein Mädchen zum Kind zu haben?

Andere haben sich darüber gar keine Gedanken gemacht, tragen aber wahrscheinlich unbewusste Bilder in sich.

Ich möchte Sie mit diesem Buch zum Nachdenken anregen. Was ist eigentlich das Besondere daran, ein Mädchen zum Kind zu haben? Zu welcher Art Frau darf/soll sich Ihre Tochter entwickeln? Wie wichtig diese Überlegung ist, zeigt die folgende Begebenheit: Als man eine Gruppe von männlichen und weiblichen Babys in rosafarbene und hellblaue Strampelanzüge steckte und eine Gruppe von Vätern aufforderte, die Kinder zu beschreiben, behandelten sie die »rosafarbenen« deutlich anders als die »hellblauen«. Die »rosafarbenen« wurden als zerbrechlich, hübsch, süß und niedlich beschrieben, obwohl auch Jungen darunter waren, die »hellblauen« hingegen als gesund, robust, stark und aufmerksam – darunter auch etliche Mädchen.

Wie wir in Marianne Grabruckers Tagebuch nachlesen können, reagieren Menschen auf ein männliches Baby anders als auf ein weibliches. Und das ist ja auch normal, denn schließlich gibt es Unterschiede. Die allerdings sind nicht nur biologisch bedingt, sondern beruhen auch auf gesellschaftlichen Einflüssen, Erwartungen und Prämissen – in allen Kulturen und zu allen Zeiten gab und gibt es so etwas wie eine Mädchenkultur oder eine Kultur des Weiblichen. Wir können uns dagegen wehren, uns dem aber nie ganz entziehen. Erst wenn wir uns als Eltern bewusst werden, welche Bilder und Vorstellungen von Weiblichkeit wir in uns tragen und welche dieser Bilder gesellschaftlich wirksam sind, können wir uns damit auseinander setzen, vielleicht darüber streiten und neue Wege beschreiten oder auf bewährten Pfaden wandeln.

Eines jedoch sollte uns von Anfang an klar sein: Kinder sind nicht Wachs in unseren Händen. Sie gehören sich selbst und bringen ihre eigene Persönlichkeit und ihre einzigartige Lebensaufgabe mit. Als Eltern haben wir das Glück, sie eine Zeit lang begleiten zu dürfen. Damit das gelingt, ist es wichtig, auch unsere eigene Geschichte als Mutter und Vater zu kennen.

Mädchen! Wie sie glücklich heranwachsen – dieser Titel formuliert einen Auftrag – nicht nur an die Eltern, sondern zunächst an mich, die Autorin. Und so werden Sie im Verlauf der Lektüre immer wieder auf konkrete Anregun-gen für den Umgang mit und die Erziehung Ihrer Tochter stoßen. Hierfür habe ich auf Erlebnisse mit meiner eigenen Tochter, auf wissenschaftliche Erkenntnisse und auf die Erfahrungen von vielen Eltern aus meiner Beratungs- und Seminararbeit zurückgegriffen. Ich habe an das kleine Mädchen gedacht, das ich einmal war und an all die vielen Mädchen und Frauen, die ich in meinem Leben kennen lernen durfte.

Kinder sind nicht Wachs in unseren Händen – sie gehören sich selbst!

Bei all dem, um was es hier geht, spielen auch Väter und Brüder eine entscheidende Rolle. In keinem Buch über Mädchen habe ich jedoch etwas darüber gelesen. Dabei begleiten ein Mädchen auch die Erfahrungen, die es mit den männlichen Familienangehörigen macht, ein Leben lang. Frau lässt sich nun mal nicht ohne männlichen Gegenpart definieren (das gilt umgekehrt natürlich auch), ebenso wenig wie es kein Laut ohne Leise, kein Hell ohne Dunkel und kein Groß ohne Klein gibt! Und so gibt es keine Töchter ohne Väter, selbst wenn diese – aus welchen Gründen auch immer – getrennt von ihrer Tochter leben und/oder den Kontakt völlig abgebrochen haben.

Die meisten Kapitel in diesem Buch handeln nicht von einer bestimmten Altersgruppe, sondern sprechen Fragen an, die unabhängig vom Entwicklungsstand Ihrer Tochter aufkommen. Richten Sie sich beim Lesen deshalb nach Ihren derzeitigen Interessen. Die Reihenfolge, in der Sie die einzelnen Kapitel lesen, spielt dabei keine Rolle.

Sie haben ein Mädchen – eine kleine Persönlichkeit – und es gilt, dieses Geschenk im wahrsten Sinn des Wortes zu *entwickeln*. Auf diesem Weg möchte ich Sie mit meinem Buch begleiten. Es geht mir darum, auf Gefahren hinzuweisen und ihnen vorzubeugen, vor allem jedoch möchte ich einen guten Weg des Miteinanders aufzeigen.

Darüber hinaus wünsche ich mir, dass dieses Buch für Sie eine Entdeckungsreise zu Ihren eigenen Wurzeln und Anschauungen ist, in deren Verlauf Sie erkennen, welche Chancen die Geburt eines Mädchens Ihnen persönlich bietet.

Gisela Preuschoff

Mensch, Mädchen! Was heißt Weiblichkeit heute?

Sind unsere Mädchen- und Frauenbilder Trugbilder?

Alle Eltern machen sich Gedanken um ihre Kinder. Sie möchten ihr Bestes geben und alles richtig machen oder jedenfalls grobe Fehler vermeiden. Petra Focks schreibt: »Heutzutage haben Eltern kaum andere Erwartungen an ihre Söhne als an ihre Töchter. Sie wünschen sich für ihr Kind, dass es stark, im Sinne von sozial verantwortlich, autonom, einigermaßen durchsetzungsfähig, klug und zärtlich ist. Sie wünschen sich, dass ihr Kind mit den Aufgaben, die es im Leben zu bewältigen hat und haben wird, umzugehen vermag. Neben diesen Erziehungsbemühungen der Erwachsenen beeinflusst jedoch vor allem die Beobachtung konkreter Verhaltensweisen von Frauen und Männern (Modellfunktion) die Entwicklung von Mädchen und Jungen. Vor allem die erlebte Aufgaben- und Arbeitsteilung der Geschlechter und die Beziehungen zwischen Frauen und Männern spielen eine wichtige Rolle.« (Focks 2001; Seite 58)

Manchmal wird übersehen, dass es vor allem darauf ankommt, sich selbst wahrzunehmen. Was für eine Art Mensch bin ich? Wie verhalte ich mich? Und was lebe ich meinem Kind vor? Wenn wir uns selbst mit unserer eigenen Lebensgeschichte, mit unseren Ängsten, Gefühlen und Sehnsüchten kennen, laufen wir nicht Gefahr, unseren Kindern etwas überzustülpen, sie in eine Form pressen zu wollen oder unsere Ängste auf sie zu übertragen. Der schwierigste Punkt im Zusammenleben mit Kindern – seien es nun Jungen oder Mädchen – ist daher die Arbeit an sich selbst. Wenn wir eine Tochter haben, müssen wir uns fragen, was es für uns ganz persönlich heißt, ein weibliches Kind beim Heranwachsen zu begleiten und was Weiblichkeit für uns heute bedeutet. Dabei ist unsere Ehrlichkeit gefragt.

Unaufrichtigkeit wird von kleinen Kindern schnell durchschaut. Was fällt Ihnen spontan zum Thema Mädchen ein? Barbie-Puppen, Locken, Pferde, Stöckelschuhe, rosafarbene Pullover und Baumwollkleidchen? Oder denken Sie an weise Frauen, Hexen, Pippi-Langstrumpf, Großmütter, Präsidentinnen, Weltraum- oder Taxifahrerinnen?

Die Bandbreite an Weiblichkeit, die heute gelebt wird, reicht von weltbekannten Models wie Heidi Klum bis zu Mutter Theresa – aber was gilt für Sie persönlich? Sie werden alle Fragen, die im Zusammenleben mit Ihrer Tochter irgendwann einmal auftauchen, leichter beantworten können, wenn Sie wissen, welche Art von Weiblichkeit Ihnen persönlich vorschwebt, was Sie vorleben und welche Toleranz Sie anderen Formen gegenüber haben. Es wäre zum Beispiel äußerst spannend, wenn Sie gemeinsam mit dem Vater Ihrer Tochter (oder, falls Sie als Vater dieses Buch lesen, mit der Mutter) jeweils eine Liste erstellen, welche Eigenschaften und Fähigkeiten Sie bei einer Frau positiv bewerten. Schreiben Sie diese Liste jeweils allein, und vergleichen Sie sie dann mit der des Partners! Und vor allem: Reden Sie über ihre Bilder, Erwartungen und Urteile! Müssen Mädchen gut in Mathematik sein? Durchsetzungsfähig? Anschmiegsam? Was tut ein »gutes Mädchen« und was ein »böses«? Darf man überhaupt solch eine Unterscheidung treffen? Ist Intelligenz eine positive weibliche Eigenschaft? Wie bewerten Sie Erdverbundenheit und Liebesfähigkeit? Und wie steht es mit Intuition, Einfühlungsvermögen oder sportlichen Fähigkeiten? Wie wichtig ist Ihnen handwerkliches Geschick und gutes Aussehen?

Gelebte Weiblichkeit hat heutzutage viele Facetten. Was verstehen Sie darunter?

Nein – Sie werden Ihre Tochter nicht dazu zwingen können, technisch begabt, hochmusikalisch oder pflegerisch geschickt zu sein. Aber es ist wichtig zu wissen, wie Sie selbst darüber den-

ken. Ihre Tochter wird Ihren eigenen Weg gehen – doch Ihre Vorstellungen und Gedanken werden sie begleiten und entscheidend prägen.
Gesellschaftlich treffen heute zwei Mädchentypen aufeinander: Der eine ist stark, selbstbewusst, anpassungsfähig und leistungsbereit. Der andere fühlt sich Jungen gegenüber benachteiligt, verfügt über ein nur gering ausgeprägtes Selbstbewusstsein und empfindet seine Perspektiven als einengend.

Dann gibt es Mädchen und Frauen, die sich weder der einen noch der anderen Gruppe zuordnen lassen und auf der Suche nach einem eigenen Standpunkt sind. Was »richtige Mädchen« und »richtige Jungen« ausmacht – auf diese Frage gibt es keine einfachen Antworten mehr, wie das noch in früheren Jahrhunderten der Fall war.

Das vergangene Jahrtausend war vorwiegend von Männern geprägt. In Zukunft jedoch werden Frauen sich verstärkt zu Wort melden. Sie werden verändernd in das Weltgeschehen eingreifen – aber auf welche Art und Weise wird das geschehen? Können Sie sich vorstellen, dass Ihre Tochter einmal Bundeskanzlerin werden oder gar den Nobelpreis erhalten könnte? Unabhängig davon, welchen Weg Ihre Tochter einschlägt: Sie wird zu einer Generation von Frauen gehören, die zukünftiges Leben mitbestimmt. Laut oder leise wird sie an der Geschichte der Menschheit mitweben. Welche Zukunft erträumen und wünschen Sie sich für Ihre Tochter? Werden Sie ihr davon erzählen? Wie soll sich Ihrer Meinung nach das Zusammenleben von Männern und Frauen zukünftig gestalten? Haben Sie mit dem Vater Ihrer Tochter darüber gesprochen?

Was ist ein richtiges Mädchen? Auf diese Frage gibt es heute keine eindeutige Antwort mehr.

In der Frankfurter Rundschau vom 13. Mai 2000 stand: »Frauen haben die Macht übernommen, und keiner hat´s gemerkt.« (zitiert nach: Stolle 2002; Seite 137 f.) Weil die sprachliche, emotionale und soziale Kompetenz von Frauen größer ist als die von Männern, erklärt der Journalist Bolz sie zu den Siegern der Geschichte. Sehen wir uns jedoch heute in Staat und Gesellschaft um, klingt das noch wie Zukunftsmusik. Wer sitzt denn an den Hebeln der Macht? 1997 waren in den 5 000 führenden bundesdeutschen Unternehmen lediglich 6,7 Prozent der Führungspositionen mit Frauen besetzt. Und bei gleicher Ausbildung und Tätigkeit erreichte das Lohnniveau von Frauen nur 77% des männlichen Lohnniveaus (zitiert nach: Focks 2001; Seite 29 f.).

Weibliches Verhalten wird nicht nur zugeschrieben und erworben, sondern jedes Mädchen wird in eine Gesellschaft geboren, in der das Verhältnis der Geschlechter, mit dem es zurechtkommen muss, bereits festgelegt ist.

Außerdem hat jede Familie ihre eigene Kultur und Geschichte, die wiederum Teil der allgemeinen Geschichte ist. Für uns Frauen sind die weiblichen Vorfahren von besonderer Bedeutung. Margot Käßmann beschreibt, wie ihre vier Töchter die Geschichten ihrer Großmutter in sich aufsogen und so zu ihren familiären Wurzeln fanden, die seit dem Zweiten Weltkrieg in Polen liegen (Käßmann 2001; Seite 46) Nicht nur Mädchen, sondern alle Kinder brauchen solche Wurzeln! Was wissen Sie persönlich über Ihre Herkunft? Welche Religion, welche Traditionen, Glaubenssätze und Verhaltensweisen haben Sie übernommen, und wovon haben Sie sich verabschiedet?

Wenn ich selbst darüber nachdenke, was ich mir für dieses Jahrtausend wünsche, dann sind es Qualitäten, die mit ursprünglicher Weiblichkeit zu tun haben, Werte, die vielfach verschollen sind. Wie können sie aufgefunden, gelebt und zum Sprechen gebracht werden?

Ich wünsche mir Mitgefühl, Zusammenarbeit, Hilfsbereitschaft, Gemeinschaftssinn, Kreativität, Vorstellungskraft, Intuition, Weisheit …

Neulich erzählte mir die Redakteurin einer bekannten Elternzeitschrift, sie wäre so gern Mutter. Hauptberuflich. Aber das dürfe sie nicht laut sagen. Sie liebt es, zu Hause zu sein und ihre Kinder zu versorgen, aber wenn ihre Freundinnen das hören, halten sie sie für reaktionär. Oder hinterwäldlerisch. Müssen wir Frauen Karriere machen? Müssen wir wie Männer werden oder wie Männer handeln?

Weiblichkeit ist für mich mit lebensspendenden Kräften verbunden. Damit meine ich nicht, dass Frauen Kinder kriegen müssen. Nein, das können sie selbst entscheiden! Aber ich finde es wichtig, dass sie sich für das Leben einsetzen. Dass sie vor den Vereinten Nationen flammende Reden gegen Krieg und für Gerechtigkeit und Frieden halten. Dass Sie sich gegen Gewalt zur Wehr setzen. Dass sie für den Erhalt der Natur eintreten und nicht an der Umweltzerstörung mitwirken. Als Sarah Käßmann in der ersten Klasse gefragt wurde, was ihre Eltern machen, antwortete sie: »Mein Papa ist Pfarrer, und meine Mutter ist für Gerechtigkeit, Frieden und die Bewahrung der Schöpfung.« (Käßmann 2001; Seite 163) Julia Hill hat zwei Jahre lang auf einem Baum gelebt, damit er nicht gefällt wird. Was halten Sie davon? Erzählen Sie Ihrer Tochter das? Ich finde, wir sollten unsere Töchter frühzeitig mit allem vertraut machen, was lebendig ist und sie lehren, das Leben zu achten.

Wer heute mit Leib und Seele Mutter ist, wird allzu oft geringschätzig belächelt.

Weiblichkeit heißt für mich, Leben zu geben, Leben zu hüten und zu begleiten und Leben vergehen zu sehen. Es heißt, einem Rhythmus unterworfen zu sein, zu wissen, dass zum Leben auch der Tod gehört, dass es immer wieder Abschied und Neuanfang geben muss. Zeigen wir unseren Töchtern den Mond. Wenn wir ihn beobachten, wissen wir ein wenig davon, was es heißt, auf der Erde zu leben.

Das ist meine persönliche Meinung, keine Wahrheit. Tun Sie das, was ihrem Wesen und Ihrer Überzeugung entspricht – aber tun Sie es bewusst und in der Gewissheit, dass Sie Vorbild sind.

Wenn Sie möchten, dass Ihre Tochter eine starke Persönlichkeit wird, braucht sie starke Vorbilder. Stark sein erfordert, mit sich selbst in Einklang zu stehen, sich authentisch zu äußern, sich durchsetzen und das eigene Leben gestalten zu können. Stark sein bedeutet, sich von der Opferrolle zu verabschieden und Verantwortung für sich selbst zu übernehmen. Wer seine eigene Macht nicht ergreift, ist ohnmächtig. Wir gewinnen unsere Identität durch unser Tun.

Das, womit wir uns täglich beschäftigen, prägt uns. Welche Möglichkeiten des Tuns wollen Sie Ihrer Tochter geben?

Die ersten Vorbilder für ein Mädchen sind ihre Mutter und ihr Vater. Wenn Sie achtsam, wach, gesprächsbereit und anwesend sind, können Sie nichts falsch machen.

Von Anfang an verschieden – warum Mädchen anders sind

Lange bevor ein Baby das Licht der Welt erblickt, läuft im Kopf der künftigen Eltern ein regelrechter Film ab: Sie malen sich aus, wie ihr Leben mit dem Kind aussehen wird, und sie haben oft feste Vorstellungen davon, welche Eigenschaften ein Junge und welche ein Mädchen haben wird. Das ist völlig normal – und macht nicht nur Spaß, sondern beflügelt auch ihre Freude auf das Kind.

Marianne Grabrucker schrieb, als sie mit einem Mädchen schwanger war, in ihr Tagebuch: »Ich habe das Gefühl, als müsste ich das fertige Bild, die in mir vollkommen gebildete Gestalt

des Mädchens nur noch aus der Schublade holen. Sie ist bereits geboren, denn meine Phantasie hat sie schon gestaltet: ein schönes, starkes, selbstbewusstes, lebhaftes und intelligentes Geschöpf.« Der Vater dieses Mädchens stellte sich dagegen eher ein liebes, süßes, anschmiegsames kleines Mädchen vor, mit dem er kuscheln und schmusen würde.

Unabhängig von diesen Bildern, sollten Eltern jedoch stets bedenken: Es gibt so viele Vorurteile in Hinblick auf die Geschlechter, und meist entwickeln sich die Kinder ganz anders als ihre Eltern sich das in ihren Träumen ausmalen. Mädchen sind keineswegs immer ruhig, liebevoll und brav, und Jungen nicht automatisch wild, aggressiv und intelligent. Jedes Kind ist einzigartig; es bringt eine unverwechselbare Persönlichkeit mit auf die Welt und wird außerdem von seiner Umgebung geprägt. Die Erwartungen der Eltern können dabei wie sich selbst erfüllende Prophezeiungen wirken, und oft sehen Eltern nur das, was sie sehen wollen, und blenden Gegenteiliges aus. Die meisten Frauen, die wissen, dass sie mit einem Mädchen schwanger sind, identifizieren sich ganz mit dem Ungeborenen, sehen das Baby als Miniatur-Ausgabe ihrer selbst und empfinden eine starke Symbiose mit dem Kind im Bauch, frei nach dem Motto: Wir sind das Gleiche, wir wollen das Gleiche und wir interessieren uns für das Gleiche.

Doch wie sehen die biologischen Fakten aus?

In den ersten Wochen der Schwangerschaft, wenn Frauen in der Regel noch gar nicht wissen, dass sie schwanger sind, sehen männliche und weibliche Embryonen identisch aus, weil sie die Grundstrukturen sowohl männlicher als auch weiblicher Geschlechtsorgane besitzen. Sie unterscheiden sich lediglich hinsichtlich ihrer Geschlechtschromosomen (XY bei Jungen und XX bei Mädchen). Das X-Chromosom stammt jeweils aus der Eizelle der Mutter, das Sperma des Vaters enthält entweder ein X- oder ein Y-Chromosom. Wird das Ei von einem X-

Spermium befruchtet, wird es ein Mädchen, im anderen Fall ein Junge. Auf den X-Chromosomen liegen übrigens die meisten Gene, es sind rund 2 000, darunter auch die Intelligenzgene, während sich auf den Y-Chromosomen die Fortpflanzungsgene tummeln.

Rein statistisch werden mehr Jungen als Mädchen gezeugt, allerdings kommt es bei männlichen Föten häufiger zu einer Fehl- oder Totgeburt. Niemand weiß genau, woran das liegt. Es wird vermutet, dass männliche Föten empfindlicher auf schädliche Umwelteinflüsse reagieren oder dass das Immunsystem der Mutter den männlichen Fötus eher als fremd einstuft und irrtümlich als »Feind« angreift. Könnte das vielleicht auch etwas mit den Gedanken der Mutter zu tun haben?

In der sechsten Schwangerschaftswoche gibt das männliche Y-Chromosom den Befehl zur Bildung männlicher Keimdrüsen, während das X-Chromosom des werdenden Mädchens erst in der zwölften Schwangerschaftswoche die Entwicklung von Eierstöcken veranlasst. Keimdrüsen und Eierstöcke scheiden im weiteren Verlauf Geschlechtshormone aus, die an der Ausbildung der körperlichen Merkmale beteiligt sind und auch das spätere Verhalten beeinflussen.

Statistisch gesehen werden mehr Jungen als Mädchen gezeugt – nur kommt es bei männlichen Föten häufiger zu einer Tot- oder Fehlgeburt.

Die »männlichen« Hormone heißen Testosteron und Androgen, die »weiblichen« Östrogen und Progesteron. Ich habe die Zuordnung in Anführungsstriche gesetzt, weil all diese Hormone sowohl im männlichen als auch im weiblichen Organismus vorkommen, allerdings in unterschiedlichen Mengen. Wenn Psychologen bei Frauen von ihrem »inneren Mann« und umgekehrt bei Männern von ihrem »weiblichen Anteil« reden, dann ist genau das damit gemeint. Wir haben männliche und weibliche Anteile in uns, und es ist sinnvoll, beides zu nutzen!

Hat der Embryo genügend Androgene, wächst ein Penis, während sich die weiblichen Geschlechtsorgane zurückbilden und verschwinden. Im weiblichen Embryo wachsen Vagina, Eileiter und Gebärmutter und lassen die männlichen Geschlechtsorgane absterben. Interessant ist, dass in den Eileitern des weiblichen Emryos bereits 6–7 Millionen Eier ruhen, die sich allerdings bis zur Pubertät des Mädchens auf 400 000 reduzieren. Jungen hingegen bilden Sperma erst während der Pubertät.

Mit der geschlechtlichen Differenzierung setzt auch eine unterschiedliche Entwicklung männlicher und weiblicher Gehirnstrukturen ein.

Mit der geschlechtlichen Differenzierung beginnen auch die Gehirne von weiblichen und männlichen Embryonen, sich unterschiedlich zu entwickeln. Am deutlichsten ist dieser Unterschied im Hypothalamus, der Hormonzentrale oder »Relaisstation« des vorderen und mittleren Gehirns, feststellbar. Von hier werden zahlreiche Körperfunktionen wie sexuelle Erregung, Hunger, Durst, Kälte- und Wärmegefühl und Kampf- oder Flucht-Reaktionen gesteuert. Hier befindet sich auch ein stecknadelkopfgroßer »Zellhaufen«, der so genannte »dritte Nucleus interstitialis des Hypothalamus anterior«, der bei Jungen zweieinhalb mal mehr Nervenzellen hat als bei Mädchen. Es wird vermutet, dass er das sexuelle Verlangen steuert. Während bei Säuglingen die Größe dieses Zellhaufens bei Mädchen und Jungen noch identisch ist, beginnt er bei Jungen ab dem 10. Lebensjahr zu wachsen.

Der am meisten diskutierte Unterschied zwischen dem männlichen und dem weiblichen Gehirn ist jedoch der Strang der Nervenfasern, die die rechte und linke Gehirnhälfte miteinander verbinden. Diese Brücke, *Corpus callosum*, ist beim weiblichen Geschlecht eindeutig größer, woraus sich Unterschiede beim weiblichen und männlichen Denken erklären lassen. Mädchen und Frauen benutzen beide Gehirnhälften gleichzeitig, während Jungen nur jeweils eine Hälfte in Anspruch nehmen.

Bewiesen ist auch, dass die linke Gehirnhälfte bei Mädchen schneller reift als bei Jungen. Weil sich hier das Sprachzentrum befindet, lernen Jungen in der Regel später sprechen als Mädchen. Die rechte Gehirnhälfte, die für die Lösung räumlich-visueller Aufgaben zuständig ist, entwickelt sich bei Mädchen später, weshalb sie oft Probleme haben, sich Gegenstände aus verschiedenen Perspektiven vorzustellen oder sich räumlich zu orientieren.

Die Geburt eines Jungen dauert in der Regel durchschnittlich eineinhalb Stunden länger als die Geburt eines Mädchens, vielleicht, weil Jungen durchschnittlich fünf Prozent mehr Körpergewicht haben als Mädchen. Wenn ein Mädchen als Baby sehr zufrieden wirkt, kann das zum Beispiel daran liegen, dass seine Geburt leicht verlaufen ist und sie keine traumatischen Geburtserlebnisse hatte. In Finnland hat man 1987 festgestellt, dass neugeborene Jungen ein um zwanzig Prozent höheres Risiko hatten, niedrige Apgar-Werte zu erzielen als Mädchen. (Das *Apgar-Schema* ist ein von der amerikanischen Ärztin Virginia Apgar entwickelter Index, der die Vitalität eines Neugeborenen etwa eine Minute nach der Geburt angibt; gemessen werden hierfür **A**tmung, **P**uls, **G**rundtonus, **A**ussehen, **R**eflexe.) Auch Frühgeburten, Anfälligkeit für geistige Störungen, Krankheitsan-fälligkeit und Unfallwahrscheinlichkeit sind bei Mädchen deutlich geringer als bei Jungen (vgl. Gilbert 2001; Seite 32). Eltern von Mädchen haben Glück: Weibliche

Weibliche Babys sind zäher und widerstandsfähiger als männliche.

Babys sind einfach zäher und widerstandsfähiger als männliche. Warum das so ist, kann nur vermutet werden. Offenbar erhöht das Stresshormon Kortisol und Testesteron, das Jungen vermehrt bilden, die Anfälligkeit des Immunsystems bei männlichen Säuglingen.

Vielleicht hängt es mit der höheren Gesundheitswahrscheinlichkeit zusammen, dass Mädchen nach der Geburt meist sozialer eingestellt sind und länger Augenkontakt halten als Jungen. Sie reagieren auch intensiver auf ihr Gegenüber und auf Geräusche, weinen seltener und lassen sich leichter beruhigen.

Bereits während der Schwangerschaft ist der weibliche Körper in seinem Knochenbau dem männlichen um drei Wochen voraus. Zum Zeitpunkt der Geburt sind weibliche Babys in ihrer Entwicklung bereits vier bis sechs Wochen weiter als männliche. Bedenkt man, dass in der Pubertät die meisten Mädchen ihren männlichen Mitschülern deutlich sichtbar um mindestens zwei Jahre in der Entwicklung voraus sind, kann man sich vorstellen, dass diese Unterschiede irgendwann sehr früh begonnen haben müssen.

Sobald Menschen wissen, welches Geschlecht ein Kind hat, reagieren sie auf Mädchen anders als auf Jungen.

Es gibt also deutliche, biologisch bedingte Unterschiede zwischen Jungen und Mädchen. Diese werden verstärkt oder abgeschwächt durch das Verhalten der Eltern und der gesamten Umwelt. Interessant ist, dass Menschen, wenn sie eine Gruppe von Säuglingen vor sich haben, die in gelben Strampelanzügen stecken, nicht feststellen können, ob es sich um Jungen oder Mädchen handelt. Selbst wenn sie das Gegenteil behaupten. Sobald sie aber wissen, welches Geschlecht das Kind hat, reagieren sie auf Mädchen anders als auf Jungen. Marianne Grabrucker hat das in einem Tagebuch über die ersten drei Jahre ihrer Tochter, die zu Beginn der achtziger Jahre auf die Welt kam, festgehalten: »Anneli wird die Männer um den Finger wickeln können«, sagte eine Freundin über das eben erst geborene Mädchen. Und auch die Mutter selbst war sich sicher, »dass eine Frau, um überhaupt eine Existenzberechtigung in dieser Männerwelt zu haben, gut aussehen muss.« (vgl. Grabrucker 2000; Seite 24)

Ist das heute noch so?

Das Mode- und Schönheitsdiktat war noch nie so ausgeprägt wie gegenwärtig, und Mädchen haben mehr als Jungen darunter zu leiden, wenn sie auf die eine oder andere Weise aus dem Rahmen fallen. Darauf werde ich später noch zu sprechen kommen. Fast jeder kann jedoch beobachten, wie kleine Mädchen von ihren Eltern besonders hübsch angezogen und frisiert werden und wie die vielleicht natürliche Veranlagung, sich schön zu machen, von Erwachsenen herausgefordert und verstärkt wird.

Eltern umhegen ihre kleinen Töchter fürsorglicher als ihre kleinen Söhne – das haben Wissenschaftlerinnen beobachtet.

Wissenschaftlerinnen haben beobachtet, dass Eltern ihre kleinen Töchter fürsorglicher umhegen als ihre kleinen Söhne. Das mag an der weit verbreiteten Vorstellung liegen, »Männer« müssten rechtzeitig abgehärtet werden oder wären nicht so empfindlich. Nach Allan und Barbara Pease sind Mädchen jedoch tatsächlich empfindlicher und reagieren von Geburt an stärker auf Berührungen als Jungen.

Weibliche Haut ist wesentlich dünner als männliche und verlangt offenbar auch stärker nach Berührung. »Das Hormon, welches das Bedürfnis auslöst, berührt zu werden, heißt Oxytozin. Es ist kein Wunder, dass Frauen, deren Rezeptoren zehnmal empfindlicher sind als die der Männer, es so wichtig finden, ihre Männer, Kinder und Freunde zu berühren und zu umarmen.« (Pease 2002; Seite 71)

Entsprechend reden Eltern mit ihren weiblichen Säuglingen mehr, was sicher auch daran liegt, dass diese aufmerksamer zuzuhören scheinen. Da kleine Mädchen länger Augenkontakt halten als Jungen, fordern sie ihre Eltern geradezu heraus, sich mit ihnen zu beschäftigen, sie anzulächeln und mit ihnen sprachlich zu kommunizieren.

Mit zwei Monaten beginnt jedes Baby, Frauen- von Männerstimmen zu unterscheiden. Die Stimmen seiner Eltern kennt es bereits aus dem Mutterleib. Mit der Unterscheidung von männlich und weiblich beginnt auch eine Zuordnung, zum Beispiel: tiefe Stimme heißt zugleich grobe Gesichtszüge und raue Haut. Auf diese Weise sammelt das Kind Informationen, die Jahre später sein Bild von »männlich« und »weiblich« prägen.

Bereits mit sechs Monaten sind kleine Mädchen unabhängiger als ihre männlichen Gefährten, beschäftigen sich gern mit Spielzeug und trösten sich schon selbst mit ihrem Daumen oder einem »Trosttuch«.

Der gravierendste Unterschied der ersten Monate ist jedoch das Tempo, mit dem kleine Mädchen reifen: Ihr Wachstum und ihre Gewichtszunahme sind stärker und der Durchbruch der Eckzähne erfolgt früher als bei Jungen.

Im Alter von sieben Monaten können Mädchen sich nicht nur von einer Seite auf die andere drehen und oft schon krabbeln, sie sind auch sehr geschickt im Umgang mit einem Löffel, können Striche zeichnen und einen Reißverschluss zuziehen. Diese Entwicklungs-Unterschiede zu gleichaltrigen Jungen setzen sich weiter fort. Im Kindergartenalter ist die Feinmotorik bei Mädchen wesentlich besser entwickelt. Außerdem beginnen Mädchen viel früher zu sprechen und verfügen über mehr Selbstbeherrschung (siehe Seite 55).

Einige Bemerkungen über Erziehung – unabhängig vom Geschlecht

Abschied vom Traumkind

Sobald das Kind geboren ist, haben Eltern eine ganz entscheidende Aufgabe zu bewältigen: Sie müssen sich von ihrem Traumkind verabschieden und ihr reales Kind begrüßen, akzeptieren und annehmen – mit all seinen Eigenarten, seinem Aussehen, seinem Geschlecht und seinen Verhaltensweisen.

Das ist besonders dann sehr schwer, wenn das Kind, das sie nun im Arm halten, so ganz anders ist als erwartet. Charmante Babys, die von Anfang an ruhig und zufrieden wirken und allerliebst aussehen, haben es leicht, selbst dann, wenn sie dem Traumkind ihrer Eltern nicht entsprechen.

Ein Schreikind hingegen, das ohne Haare und knallrot zur Welt kommt und den Eindruck macht, als wolle es sich mit dem Leben auf dieser Erde überhaupt nicht anfreunden, bringt allerhand Probleme mit sich. Alle Phantasien, alle Vorstellungen, die durch wunderschöne Babyfotos in Elternzeitschriften aufgebaut wurden, fallen in sich zusammen. Vielleicht ist es dann noch ein Mädchen, wo sie doch lieber einen Jungen gehabt hätten, und vielleicht ist es zu früh geboren und schwebt in Gefahr, behindert zu sein oder ist es gar schon.

Meine Großmutter pflegte derartige Schicksalsschläge mit der Erkenntnis zu kommentieren: »Der Mensch denkt, und Gott lenkt.« Sie hat ihr ganzes Berufsleben lang mit behinderten Kindern gearbeitet.

Menschen können zwar viel erreichen und verändern, aber wir haben bei weitem nicht »alles im Griff«. Manche Eltern erleben allerdings auch den umgekehrten Fall: Sie sind überwältigt von ihrer eigenen Liebesfähigkeit. Sie hätten nie erwartet, dass sie dem kleinen Wesen, das ihre Tochter ist, so viel Liebe entgegenbringen können. Sie sind überrascht von der ursprünglichen, tiefen Kraft, die sie wie eine Welle überrollt, wenn sie ihr Baby betrachten.

Der Abschied vom Traumkind – das ist die erste Aufgabe frisch gebackener Eltern. Ich wünsche mir, dass Sie bald entdecken, welch ein Geschenk das Kind ist, das Sie vielleicht jetzt gerade umsorgen.

Das kleine Mädchen ist, wie es ist. Es wird sich umso besser entwickeln, je mehr sie es lieben. In den ersten Monaten heißt das konkret: jederzeit für das Baby da zu sein, Hautkontakt zu suchen, es liebevoll zu berühren und zu massieren, es zuverlässig und gleichbleibend zu versorgen, zu stillen, mit ihm zu reden, es herumzutragen und in seiner Nähe zu schlafen. Liebe ist ein Tätigkeitswort, heißt es so schön – und in den ersten Monaten mit dem Neugeborenen ist Liebe in der Tat eine sehr anstrengende Tätigkeit. Eltern müssen jedoch wissen, dass genau dieses Verhalten die Basis für eine sichere Bindung ist. Und eine sichere Bindung zu den Eltern ist in den ersten Lebensjahren die Voraussetzung für jede geistige und emotionale Entwicklung.

Sichere Bindung – die Grundvoraussetzung für positive Entwicklung

John Bowlby hat in den fünfziger Jahren Kriegskinder und Waisen untersucht und beobachtet und auf der Grundlage dieser Forschung die so genannte *Bindungstheorie* entwickelt. Diese Theorie besagt, dass Kinder ihre Fähigkeiten nur dann optimal entwickeln können, wenn sie eine vertrauensvolle, sichere Bindung zu mindestens einer festen Bezugsperson haben. Mit seinem Film über ein zweijähriges Mädchen, das mutterseelenallein im Krankenhaus war, erregte Bowlby weltweit Aufsehen. Ihm haben wir es zu verdanken, dass heute Mütter und Kinder auf den Entbindungsstationen nur noch selten getrennt werden, dass in Krankenhäusern die Möglichkeit besteht, Kinder zu begleiten, und dass Eltern erfahren haben, wie wichtig eine stabile, gute Beziehung für das Gedeihen eines Kindes überhaupt ist. Auch Frühgeborene entwickeln sich problemloser, wenn sie Hautkontakt haben und menschliche Berührung erfahren. Interessant ist, dass Neugeborene mit zahlreichen Kompetenzen ausgestattet sind, die es ihnen ermöglichen, Kontakt aufzunehmen und so von sich aus Bindung herzustellen. Intuitiv reagieren die meisten Eltern auf diese Signale, und auf diese Weise festigt sich das Band der Liebe immer mehr.

Wenn es Ihnen also gelingt, Ihr Kind so anzunehmen, wie es ist, wenn Sie in der Lage sind, es zuverlässig zu versorgen und ihm alle Sicherheit geben, indem Sie seinen kleinen Körper an ihren großen anschmiegen, dann erhält Ihr Kind die stabile Basis, von der aus seine Entwicklung voranschreiten kann.

Man kann ein Baby nicht verwöhnen – es ist arg- und wehrlos und auf all unsere Fürsorge angewiesen. Indem man ihm alles gibt, was es braucht und wünscht, fördert man sein Kind optimal. Mechthild Papousek, eine Wissenschaftlerin die seit vielen Jahren das Zusammenleben von Eltern und Säuglingen untersucht, hat festgestellt, dass kein Lernprogramm Säuglinge besser fördert als das, was Eltern intuitiv tun. Das Wissen um die Kompetenzen, die Säuglinge vom Zeitpunkt der Geburt an besitzen, ist in den letzten Jahren explosionsartig angewachsen. Dennoch: Eltern brauchen nichts anderes zu tun, als ihr Baby zu beobachten und ihm das zu geben, was es verlangt. So wie das kleine Mädchen vor

Ein Baby kann man nicht verwöhnen – es ist arg- und wehrlos und auf unsere Fürsorge angewiesen.

Ihnen einen inneren Drang zu wachsen, sich zu entwickeln und sich Fähigkeiten und Kenntnisse anzueignen verspürt, so haben auch Sie als Eltern angeborene Fähigkeiten, um Ihr Kind optimal zu fördern. Folgen Sie Ihrem Gefühl und Ihrer Intuition – und Sie werden es richtig machen.

Verena Kast nennt diese erste wohltuende, intensive Beziehung zur Mutter den »positiven Mutterkomplex«. Entsprechend gibt es auch den »positiven Vaterkomplex«. Nach Carl Gustav Jung entsteht ein Komplex durch eine bedeutsame Interaktion zwischen zwei Menschen. Sie kennen sicher den »Minderwertigkeitskomplex«, der entsteht, wenn ein Mensch durch sein Umfeld systematisch abgewertet wird. Kein Mensch ist weniger »wert« als ein anderer. Aber wenn er genau das andere Menschen immer wieder über sich sagen hört, wird er es irgendwann einmal glauben.

Menschen, die durch einen positiven Mutterkomplex geprägt sind, fühlen eine selbstverständliche Daseinsberechtigung, sind kreativ und können »leben und leben lassen«. Sie wissen um das Recht auf Respekt, um das Recht, körperliche und seelische Bedürfnisse auszudrücken, sich selbst zu verwirklichen und an den Gütern des Lebens teilzuhaben. Sie fühlen sich getragen vom Leben, haben Freude an ihrem Körper, an Essen, Sexualität und Lebendigkeit.

Auch für Mädchen ist es wichtig, dass ein Vater präsent ist.

Für diese Mädchen – wie für alle Menschen – ist es eine Notwendigkeit, sich eines Tages aus dieser engen Mutter-Bindung zu lösen, das eigene Ich zu entwickeln und die eigene Persönlichkeit zu entfalten. Für Mädchen steht diese Aufgabe in der Pubertät an – wenn die Mutter nicht vorher stirbt oder die Familie verlässt.

Wegen dieser unerlässlichen Trennung von der Mutter (die Jungen früher und Mädchen später vollziehen), ist es wichtig, dass ein Vater präsent ist. Dank der frühen Erfahrung, dass es neben der Mutter eine zweite Person gibt, die es umsorgt, kann sich das Kind aus der engen Mutter-Kind-Symbiose lösen und erfährt, dass Beziehungen verschiedene Tönungen haben können, dass Mama und Papa unterschiedlich mit ihm umgehen und dass beides seine jeweils eigene Qualität hat.

So reagieren zum Beispiel Väter auf Lautäußerungen ihrer Kinder ebenfalls mit Lautäußerungen und bevorzugen bewegungsstarke, körperlich stimulierende Spielformen und einen abrupten Wechsel zwischen aktiven und passiven Phasen. Der Spielstil von Vätern ist »aufregender« und wird von Kindern sehr geschätzt (vgl. Griebel/Röhrbein, a.a.O., Seite 315 f.)!

Auf diese Weise lernt das Kleinkind schon verschiedene Beziehungsmuster kennen und unterschiedliche Erwartungen an eine Beziehung zu knüpfen. Es fällt ihm dann leichter, sich auf neue Situationen einzulassen, und es hat mehr Möglichkeiten zu reagieren, als wenn es lediglich von seiner Mutter abhängig wäre. Während das kleine Mädchen seine Mutter als gleichartig erlebt, strahlt der Vater das faszinierend Fremde aus (Das ist von Anfang an bedeutsam!). Besonders erfolgreiche Frauen hatten meistens Väter, die sie zu unabhängigen und selbstständigen Persönlichkeiten erzogen. Diese Frauen erlebten ihre Väter als attraktiv, intelligent, strebsam, aktiv und liberal.

Ja sagen und Nein sagen

Viele erwachsene Frauen haben mir erzählt, dass es ihnen schwer fällt, Nein zu sagen. Deshalb müssen wir uns bewusst machen, dass es wichtig ist, beides zu können und entsprechend auch im Familienleben beides zu dürfen. Wenn wir einander als

Persönlichkeiten akzeptieren, können wir täglich entscheiden und über uns bestimmen. Wenn Ihre Tochter zum Frühstück Kakao will, und sie haben keinen, ist das ein Nein. Sie wird enttäuscht sein, und wenn sie klein ist, wird sie quengeln, weinen und lauthals Kakao fordern.

Wie fühlen Sie sich dabei? Sagen Sie zu sich selbst: Es ist normal, enttäuscht zu sein, und es ist normal, seiner Enttäuschung laut und fordernd Ausdruck zu verleihen? Oder haben Sie Schuldgefühle Ihrer Tochter gegenüber? Oder werden Sie aggressiv und ungeduldig?

Prüfen Sie sich in derartigen Situationen, und machen Sie sich klar, dass es erlaubt ist, einem Kind etwas zu verweigern. Sie müssen aber auch häufig Ja sagen, denn ein Ja ist immer auch ein Ja für die Entwicklung Ihres Kindes.

Manche Kinder erleben zu viele Verbote, die ihrer Entwicklung und ihrer Intelligenz schaden: in der Pfütze rühren, auf Bäume klettern, mit Matsch spielen, den Topfschrank ausräumen, mit Klebstoff experimentieren, mit der Schere umgehen, am Herd stehen und selbst etwas kochen … all das sind Dinge, die Kinder tun sollten.

Andere erfahren keinerlei Einschränkung und verlieren dabei die Orientierung. Wenn alles erlaubt ist, wird ein Kind zutiefst verunsichert. Ein Nein, zum Beispiel wenn sie fernsehen möchte oder ein bestimmtes T-Shirt haben will, schadet nicht. Im Gegenteil! Sie selbst dürfen auch Nein sagen, wenn Sie müde und erschöpft sind und eine Pause brauchen. Erklären Sie Ihrer Tochter, warum Sie jetzt nicht mit ihr spielen können und wann Sie wieder Zeit haben. Umgekehrt sollten Sie jedoch auch ein Nein Ihrer Tochter akzeptieren, wenn sie den roten Pullover nicht anziehen will oder sich weigert, der Tante auf der Blockflöte vorzuspielen.

In Familien, in denen man Nein sagen darf, kann man auch von Herzen Ja sagen. Niemand muss sich verbiegen. Jeder kann in seinem Rahmen entscheiden.

Seien Sie Vorbild!

Im Zusammenleben mit Kindern muss man sich immer wieder die Frage stellen: Was ist mir wirklich wichtig? Wenn wir diese Frage beantworten können, wenn wir unsere Werte und Maßstäbe kennen, setzen wir Prioritäten. Und das wirkt sich im Alltag und besonders im Zusammenleben innerhalb einer Familie aus.

Als mein Mann und ich in einem Seminar für Paare die Teilnehmer baten, die Werte ihres Lebens aufzulisten und miteinander zu vergleichen, schlugen die Wellen hoch. Denn auch Menschen, die sich nahe stehen, haben oft unterschiedliche Werte! Und es gibt typisch weibliche und typisch männliche Werte. Fallen Sie deshalb nicht über Ihren Partner her, wenn die Unterschiede allzu groß scheinen, sondern suchen Sie nach Gemeinsamkeiten. Reden Sie darüber, was ein bestimmter Wert für Sie bedeutet, und hören Sie einander zu, ohne sich zu verurteilen. Wenn bei beiden Humor auf der Liste steht, ist schon viel gewonnen.

Ihre Kinder beurteilen Sie nach dem, was Sie vorleben. Als Kettenraucher sind Sie unglaubwürdig, wenn Sie von Ihren Kindern ein gesundheitsbewusstes Verhalten einfordern. Und wenn Sie gern mit Ihren Kindern herumalbern, müssen Sie ihnen nicht groß erklären, dass Lebensfreude einen hohen Stellenwert für Sie besitzt. Ihre Kinder spüren das!

Ehrlichkeit ist ein Wert, den Erwachsene oft von Kindern verlangen, ohne mit gutem Beispiel voranzugehen. Prüfen Sie einmal, wann Sie gelogen haben und in welcher Situation Sie Ihre Überzeugungen verleugnet haben. Ihre Kinder werden eines Tages mit Ihnen darüber reden wollen. In dem wunderbaren Buch *Papa, was ist ein Fremder?* erklärt der französische Journalist Tahar Ben Jelloun seiner zehnjährigen Tochter

Meriem seine Werte. Er hätte es nicht besser tun können, und ich empfehle allen Eltern, dieses Buch zu lesen.

Indem wir Kinder haben, die uns Fragen stellen, werden wir aufgefordert, über unser Leben und unsere Werte nachzudenken. Schon allein das ist wichtig! Selbst wenn Sie eine Meinung vertreten, die der Ihrer Tochter total entgegengesetzt ist, wird sie sich ihr Leben lang an dieses Gespräch erinnern, solange Sie ihr mit Respekt und Würde begegnet sind. Und wenn sie Ihnen heute widerspricht, heißt das noch lange nicht, dass sie Ihnen in fünf Jahren nicht zustimmt.

Ich wiederhole: Kinder brauchen Vorbilder, die ihnen Werte vorleben! Wie reden Sie über andere Menschen? Ist Ihr Chef ein Idiot und die Nachbarin eine dumme Tussi, der Autofahrer da vorn ein Hornochse?

Beobachten Sie sich, und seien Sie ehrlich zu sich und Ihren Kindern, dann werden sie das umgekehrt auch sein. Ein Mensch, der authentisch seine Meinung vertritt und mutig für seine persönliche Wahrheit eintritt, wird immer geachtet sein.

In diesem Zusammenhang erinnere ich mich an Volker von Törne, unseren Trauzeugen. Als wir noch keine Kinder hatten, besuchte er uns einmal unangemeldet mit seiner Tochter Anne. Das war in den siebziger Jahren, wo es noch keine Punks gab. Anne trug damals eine zerlöcherte, mit Aufschriften versehene Jeans, ein auffälliges Oberteil und grell gefärbte Haare, wahrscheinlich auch ein Hundehalsband, das weiß ich nicht mehr. Ihr Vater behandelte sie während des ganzen Besuchs mit Achtung und Respekt. Dafür habe ich ihn unendlich bewundert. Ohne ein Wort darüber zu verlieren, hat er deutlich gemacht, was Toleranz ist.

Kinder brauchen Vorbilder – denken sie daran, wenn Sie im Begriff sind, schlecht über andere Menschen zu reden oder Ihre Überzeugungen zu verleugnen.

Mit Lust und Freude essen

Das Essen wird heute in vielen Familien mit Kindern zum Problem. Deshalb finde ich es wichtig, gerade jungen Eltern Denkanstöße zu geben, die dieses Thema betreffen.

Ist es nicht merkwürdig im wahrsten Sinne des Wortes, dass gerade unsere urspünglichen Bedürfnisse – Essen, Schlafen und Sexualität – uns heute, in einer verkopften, technisierten Welt so viele Probleme bereiten?

Sollte es uns nicht zu denken geben, dass in unserer Welt des Überflusses sich viele Menschen ungesund ernähren und an einem Mangel an Vitaminen und Mineralstoffen leiden? Und ist es nicht auffällig, dass gerade Mädchen zu Essstörungen neigen und oft in der Pubertät mit ihrem Körper unzufrieden sind?

Wie fängt das alles an – und wie können wir als Eltern unseren Töchtern hilfreich zur Seite stehen?

Die beste Ernährung in den ersten Monaten ist das Stillen. Es ist die Nahrung, die für uns vorgesehen ist und zu der es keine gleichwertige Alternative gibt. Ungefähr ab dem 6. Lebensmonat sollte jedes Kind auch feste Nahrung bekommen – zum Beispiel Karottenbrei. Spätestens wenn das Kind in seinem eigenen Kinderstuhl mit am Tisch sitzt, sollten Eltern sich Gedanken um die gemeinsamen Mahlzeiten machen. Wer kocht wann und mit welchen Zutaten? Wenn Sie das Buch *Mund auf – Augen zu* gelesen haben, wissen Sie, dass keine Babynahrung aus dem Glas mit frisch gekochtem Gemüse mithalten kann. Haben Sie schon einmal über ein Gemüse-Abo direkt von einem Biohof nachgedacht? Frisch zubereitetes Getreide, Gemüse und Obst ist das Beste, was Sie Ihrem Kind bieten können. Wenn Sie von Anfang an vermeiden, Ihrer Tochter Zucker in Form von Keksen, gesüßtem Tee u. Ä. zu geben, tun Sie viel für eine gesunde Ernährung und gute Zähne.

Außerdem erreichen Sie auf diese Weise, dass Ihr Kind fast alles isst, was ihm angeboten wird. Mag es eine Gemüsesorte nicht, müssen Sie sich keine Sorgen machen: Solange Ihre Tochter Zucker und andere künstlich erzeugte Nahrungsmittel noch nicht kennen gelernt hat, wird sie aus einem gesunden Angebot das wählen, was sie braucht.

Und wenn Sie die Dinge, die ungesund sind, erst gar nicht im Haus haben, können keine Probleme entstehen. Ein gesundes Kind macht auch die Eltern froh! Sollte Ihr Kind dann später z.B. im Kindergarten mit Süßigkeiten, Stabilisatoren, Emulgatoren und anderen Schadstoffen in Kontakt kommen, haben Sie schon die Grundlage für eine gute Ernährung gelegt, und Ihr Kind wird weniger anfällig für solche Angebote sein.

Eltern wenden in diesem Zusammenhang ein, ihr Kind würde dann zu den Nachbarn oder Freunden gehen und sich dort gierig über die Süßigkeiten hermachen.

Betrachten wir diesen Fall einmal genauer: Ein Kleinkind geht sicherlich noch nicht allein zu den Nachbarn. Und wenn im Kindergarten die ersten Kontakte geknüpft werden, kann man mit anderen Eltern reden, im Kindergarten für gesunde Ernährung plädieren und damit vielleicht Erfolg haben. Falls Sie sich nicht durchsetzen, haben Sie doch das Ihre getan, um Ihrer Tochter den Weg zu einer gesunden Ernährung zu weisen. Bedenken Sie dabei bitte auch: Es ist wichtig für Ihr Kind, Ihre Meinung zu kennen und zu wissen, dass Sie in der Lage sind, gemäß Ihren Überzeugungen ein glückliches Leben zu führen. Das hilft ihm! Und wenn es jetzt wirklich bei Freunden Süßigkeiten isst, sollten Sie das nicht dramatisieren. Sie haben Ihr Bestes getan – und mehr ist auch gar nicht nötig! Würden Sie die Süßigkeiten, die es dort zu sich genommen hat, einmal wiegen, würden Sie feststellen, dass Ihr Kind weniger zu sich nimmt als das Nachbarkind, bei dem es sich bedient hat.

Machen Sie sich auch keine Sorgen darüber, ob Ihr Kind zu viel oder zu wenig isst. Ein gesundes Kind isst genau so viel, wie es braucht! (Diese Regel gilt allerdings nur, wenn es wie oben beschrieben fast zuckerfrei ernährt wird. Ein Zuviel an Zucker führt zu Gier nach Süßem und damit zu Fehlernährung.)

Wenn Ihre Tochter spürt, dass sie mit ihrem Ernährungsverhalten Macht über sie bekommt, wird sie das ausnutzen. Sie wird dann später zum Beispiel sagen: »Das esse ich nicht.« Und weiß vielleicht, dass Sie sich sofort daran machen, ihr etwas anderes zu bieten. Sie fühlt, dass Sie sich Sorgen machen und Ihnen die Ernährung Ihrer Tochter sehr wichtig ist. Das Ergebnis ist hinlänglich bekannt: Abwechselnd kommen Fischstäbchen und Spaghetti auf den Tisch, und wenn diese Abfolge doch einmal durchbrochen wird, muss die Kleine wortreich überredet werden, überhaupt etwas zu sich zu nehmen.

Machen Sie sich keine Gedanken darüber, ob Ihr Kind ausreichend isst – jedes gesunde Kind isst so viel, wie es braucht.

Nein: Kochen Sie mit Lust und Liebe, beteiligen Sie Ihre Tochter an der Erstellung des Speiseplans, nehmen Sie sie mit auf den Markt, wo sie lernt, gute von schlechter Qualität zu unterscheiden, und beteiligen Sie sie – je nach Alter mehr oder weniger intensiv – an der Zubereitung. So können Sie Ihrer Tochter mit zwei Jahren durchaus die richtige Benutzung eines Küchenmessers zeigen und stolz beobachten, wie sie eine Möhre schneidet. Diese sinnlichen Erfahrungen fördern nicht nur die Intelligenz, sondern auch das Interesse an Nahrungsmitteln und die Kenntnisse über ihren Geschmack und ihre Beschaffenheit.

Kinder lernen in den ersten Lebensjahren nur durch sinnliche Erfahrung, durch nachahmen, anfassen, spielen, lutschen und erkunden mit dem ganzen Körper. Indem Sie es an einer so sinnlichen Tätigkeit wie Kochen teilhaben lassen, erhält es genau die Anregungen, die es braucht. Vorausgesetzt, sie verarbeiten nicht ständig Fertignahrung aus der Dose oder der Tief-

kühltruhe! Denn dann könnte Ihre Tochter mit Recht annehmen, Milch käme aus der Papptüte und Möhren aus dem Kühlregal.

Berufstätige Eltern können zum Beispiel am Wochenende mit ihren Kindern kochen und vorher auf dem Wochenmarkt oder in einem guten Gemüseladen einkaufen. Ab und zu sollten Sie auch aufs Land fahren – wenn Sie nicht ohnehin dort leben – und einen Biohof besuchen, wo Sie Ihrer Tochter zeigen können, wie Gemüse angebaut und geerntet und vermarktet wird. Sie können dort übrigens auch Urlaub machen.

Mindestens ebenso wichtig wie die Auswahl der Nahrungsmittel ist das Verhalten während der Mahlzeiten. Sie sollten möglichst immer in einer freundlichen, ruhigen Atmosphäre stattfinden. Alles andere ist ungesund! Kritisieren Sie also weder Ihr Kind noch Ihren Partner während der gemeinsamen Mahlzeiten, und führen Sie keine Streitgespräche. Gehen Sie spazieren oder setzen Sie sich nach den Mahlzeiten ins Wohnzimmer, wenn Probleme geklärt werden müssen.

Besprechen Sie in einer ruhigen, guten Stunde mit dem Vater Ihres Kindes, welche Tischregeln Sie für sinnvoll halten. Darf Ihr Kleinkind aufstehen, wenn es fertig gegessen hat oder soll es am Platz spielen? Müssen Kinder aufessen, was sie sich selber aufgetan haben? Und wenn ja – ab welchem Alter? Für diese Fragen gibt es keine allgemein gültigen Regeln. Sie prägen Ihre eigene Familienkultur, indem Sie gemeinsam nach Antworten suchen und die Dinge, die ihnen wichtig sind, erproben.

Die Mahlzeiten sollten immer in einer entspannten Atmosphäre eingenommen werden. Welches Verhalten darüber hinaus bei Tisch angesagt ist, müssen Sie selbst festlegen.

Während früher vor jeder Mahlzeit ein Gebet gesprochen wurde, die Kinder bei Tisch nicht sprechen durften und jeder sitzen bleiben musste, bis alle fertig waren, gibt es heute Familien, in denen gar keine gemeinsamen Mahlzeiten mehr stattfinden.

Was wünschen Sie sich? Wie wollen Sie Ihr Familienleben in diesem Punkt gestalten?

In dem Moment, wo Ihr Kleinkind mit am Tisch sitzt, beginnt es etwas über das Essen zu lernen. Sie haben es in der Hand, was es lernt. Hier meine Vorschläge:

- Gemeinsame Mahlzeiten im Kreis der Familie machen Spaß.
- Für unsere Nahrungsmittel sind wir dankbar – diese Vielfalt ist nicht selbstverständlich.
- Gesunde Nahrung hält gesund.
- Bei der Herstellung der Speisen helfen möglichst alle mit.
- Tischsitten lernen Kinder am leichtesten durch Nachahmung und Bestätigung – am wenigsten jedoch durch Kritik.
- Mein Körper gehört mir – daher darf ich aus einem gesunden Angebot auch wählen, was und wie viel ich esse.
- Obst und Gemüse als Zwischenmahlzeit sind immer erlaubt.

Die ersten Jahre im Leben eines Mädchens

Sprachentwicklung bei Mädchen

In der Sprachentwicklung sind die meisten Mädchen kleinen Jungen deutlich voraus. Während Mädchen im Alter von zehn Monaten bereits drei Wörter sprechen können, bringen es gleichaltrige Jungen nur auf ein Wort, so eine Studie.
Mit achtzehn Monaten verfügt die Hälfte der Mädchen über einen Wortschatz von 56 Wörtern, während die Hälfte der Jungen erst 28 Wörter benutzt. Diese Unterschiede zeigen sich auch beim passiven Wortschatz.

Mit sechzehn Monaten versteht die Hälfte der Mädchen 206 Wörter, während die Hälfte der Jungen mit 134 Wörtern auskommen muss. Erst mit 20 Monaten holen viele Jungen die Mädchen ein.

Es ist unabweisbar, dass Mädchen generell über eine größere Sprechfertigkeit verfügen, weil sie ihre linke Gehirnhälfte, in der das Sprachzentrum sitzt, früher aktivieren.

Diese deutlichen Unterschiede hängen ganz sicher mit den Unterschieden von weiblichen und männlichen Gehirnen zusammen. Es ist jedoch nicht zu leugnen, dass Eltern auf diese Unterschiede reagieren bzw. mit ihrem Verhalten das Sprachverhalten ihrer Töchter besser fördern. Eine amerikanische Untersuchung zeigte, dass die Anzahl der Wörter, die Eltern an ihr Kind richten (also die »Menge« an Kommunikation) eine vergleichsweise exakte Voraussage über die spätere Intelligenz dieses Kindes, seinen schulischen Erfolg und seine sozialen Fähigkeiten zulässt.

Sprechen stimuliert zweifellos das Gehirn und hilft, Verknüpfungen aufzubauen, die für die spätere Intelligenz, Kreativität und Anpassungsfähigkeit des Kindes unverzichtbar sind. Die Phase des Spracherwerbs ist demnach von einer Wechselwirkung geprägt, die sich im Laufe der Jahre noch deutlicher bemerkbar macht.

Sollten Sie in der Lage sein, Ihr Kind zweisprachig zu erziehen (weil ein Elternteil eine andere Muttersprache als Deutsch spricht), so zögern Sie nicht, das zu tun. Nie wieder wird ein Kind so leicht und unbefangen eine Sprache erlernen wie in den ersten Lebensjahren. Außerdem wirkt sich dieses Lernen positiv auf die gesamte Intelligenz aus.

Verschiedene Untersuchungen zeigen, dass auch Erzieherinnen und Erzieher in Kindergärten Mädchen anders behandeln als Jungen. Mädchen werden in ihren sprachlichen Bemühungen häufig unterstützt und dadurch auch in ihrer natürlichen Begabung auf diesem Gebiet gefördert. Sprachförderung findet durch Sprechen statt – und nicht etwa durch das Abspielen von Kassetten, CDs oder Videos. Schon Säuglinge entwickeln ihre Kommunikationsfähigkeit erst dann weiter, wenn sie eine Rückmeldung erhalten.

Eltern erfüllen diese Aufgabe meist ganz von selbst, indem sie anfangen, mit dem Baby zu sprechen, ihm alles zu erklären, was sie mit ihm machen, ihm vorzusingen und später auch vorzulesen. Tun sie das nicht, verzögert sich die Entwicklung oder kommt zum Stillstand – wie das zum Beispiel bei Kindern von Taubstummen der Fall ist, wenn nicht ein anderer Mensch diese Aufgabe übernimmt.

In den USA wurde einmal ein dreizehnjähriges Mädchen aus dem Gefängnis, in dem es seine Eltern gefangen hielten, befreit. Es war wie ein Tier gehalten worden und hat – auch nachdem es in einer neuen Umgebung optimal versorgt wurde – nie richtig sprechen gelernt. Und wer kennt nicht Kaspar Hauser, ein Findelkind unbekannter Herkunft, das 1828 in Nürnberg auftauchte und das Vorbild für den gleichnamigen Komplex abgab, den die Sozialpsychologie im 20. Jahrhundert als Entwicklungsstörung beschrieben hat.

Was haben Sport, Musik und Matsch mit Intelligenz zu tun?

Ein neugeborenes Mädchen wird, wie Jungen auch, mit 100 Milliarden Nervenzellen geboren. Davon ist nur ein kleiner Teil nach genetisch festgelegten Plänen vernetzt. Der Rest wartet auf ein sinnvolles Lernprogramm. Über die sinnliche Wahrnehmung und die Motorik bilden sich im Nervensystem Bahnen, die dazu führen, dass Bewegungen eingeübt und schließlich automatisiert werden. Gerade bei Säuglingen können wir diese Zusammenhänge gut beobachten.

Mit ungefähr drei Monaten beginnt ein Baby, seine Hände zu betrachten, und lernt, diese gezielt in den Mund zu führen. Augen, Mund und Hände sind Körperteile, die durch Wahrnehmung und Motorik die ersten gezielten Bewegungen – von der Hand in den Mund – ermöglichen. Durch die häufige Wiederholung der Bewegung bildet sich eine Bahn, die Kontaktstelle zwischen den beteiligten Nerven wird durchlässig, und die Bewegung wird später »wie von selbst« vollzogen.

Im fünften Monat lernt das Baby, gezielt nach einem Gegenstand zu greifen. Die Empfindungen, die von einem Gegenstand ausgehen, werden über die Nervenzellen und elektrische Impulse direkt ans Gehirn übertragen. Umgekehrt gelangen vom Gehirn Impulse zu den Muskeln, die eine gezielte Bewegung ermöglichen. Indem das Kind einen Gegenstand befühlt, unterscheidet es Form und Konsistenz, Farbe und Material, und es eignet sich auf diese Weise nach und nach abstrakte Begriffe wie Ball, Mama oder Auto an.

Kleinkinder lernen ausschließlich aufgrund einer konkreten sinnlichen Wahrnehmung.

Lernen erfolgt im Kleinkindalter immer von der konkret sinnlichen Wahrnehmung aus. Geben Sie Ihrer Tochter daher verschiedene Materialien zum Befühlen: etwas Glattes, Weiches, Hartes, Leichtes … Vor allem: Lassen Sie sie mit Matsch, Sand und Wasser spielen und viele verschiedene Bewegungsarten ausprobieren.

Spielt Ihre Tochter zum Beispiel Klavier, sind dabei alle Teile des Gehirns aktiviert. Musik, Sport, Malen und Gestalten machen nicht nur Freude, sondern fördern auch die allgemeine Intelligenz – immer vorausgesetzt, Ihre Tochter beschäftigt sich aus freien Stücken damit.

Windel ade – wie kleine Mädchen sauber werden

Die allermeisten kleinen Mädchen werden ihre Windel schnell und einfach los. Nehmen Sie Ihre Tochter mit auf die Toilette, wenn sie sich dafür interessiert. Zeigen Sie ihr, was Sie dort machen, und bieten Sie ihr an, es Ihnen nachzumachen – mit Hilfe eines Topfes oder eines Toilettensitzes –, wenn sie Lust dazu hat.

Gerade im Sommer empfiehlt es sich, die Windel wegzulassen, damit das Kind merkt, wenn das Pipi kommt. Üben Sie keinerlei Druck aus, freuen Sie sich über jeden Erfolg, und widmen Sie dem Thema nicht zu viel Aufmerksamkeit. Früher oder später ist jedes Kind sauber.

Ich kenne nur wenige Eltern, die mit der Methode »Windel nach Rücksprache mit dem Kind einfach weglassen« keinen Erfolg erzielten. Selbst wenn danach der Wohnzimmerteppich gereinigt werden muss, lohnt es sich, diese natürliche Methode auszuprobieren. Vielleicht haben sie auch schon mal Fotos von kleinen

Chinesinnen gesehen, die Höschen mit einem langen Schlitz im Schritt tragen. Alle Kinder, die nie in den zweifelhaften Genuss von Plastikwindeln gekommen sind, so eine alte Erfahrung, werden auf diese Art sauber.

Hin und wieder treten dennoch kleinere Schwierigkeiten auf; in den meisten Fällen haben sie mit Angst zu tun. Marie zum Beispiel glaubte, einen Teil ihres Körpers zu verlieren, wenn sie ihre Ausscheidungen sah. Ihre Mutter konnte dem Problem nicht auf den Grund gehen, denn Marie schrie jedes Mal wie am Spieß und verlangte eine Windel, wenn sie musste. Mit beruhigenden Erklärungen und Beobachtungen der Erwachsenen beim Gang zur Toilette hat sich das Problem dann bald von selbst gelöst.

Üben Sie keinen Druck aus – früher oder später ist jedes Kind sauber.

Eines müssen Eltern wissen: Wenn Kinder Probleme haben, ihre Windel loszuwerden, hat das nie etwas damit zu tun, dass sie ihre Eltern ärgern oder strafen wollen. Sie verstehen vielmehr irgendetwas falsch, machen sich Sorgen oder haben Angst. Geduld, Einfühlungsvermögen und Verständnis ist also immer das, was Kinder in dieser Phase brauchen. Strafen, Missachtung und Auslachen führt dazu, dass sich das Problem verschärft oder verlagert. Dann wird es immer schwieriger, zu einer Lösung zu gelangen.

In diesem Zusammenhang möchte ich noch ein Loblied auf das Schaffell singen. Wenn Sie Ihrer Tochter ein solches Fell ins Bett legen, wärmt es sie nicht nur, sondern sie fühlt sich während des Schlafs auch geborgen. Und wenn sie nachts mal einnässt, wird das Laken geschont. Trocknen Sie das Fell an der Sonne, so bildet sich kaum Geruch.

Auch kleine Mädchen haben Interesse an ihrer Sexualität

Während der Penis des kleinen Jungen deutlich sichtbar ist und auch früh gern lustvoll angefasst wird, vergessen Eltern von Mädchen manchmal, dass auch eine Tochter sexuelle Lust empfindet. Wenn Mädchen an ihren Geschlechtsteilen forschen, wird es ihnen von den Erwachsenen häufig verboten oder als gefährlich bewertet.

Schon die Tatsache, dass der sichtbare Teil der weiblichen Geschlechtsorgane als »Schamlippen« bezeichnet wird, wirft ein bezeichnendes Licht auf unseren Sprachgebrauch, sind doch die Begriffe, die sich etymologisch vom Wortstamm »Scham« ableiten (schämen, verschämt, unverschämt, Schande, schänden, zuschanden), allesamt negativ besetzt. Andere Kulturen gehen mit den weiblichen Geschlechtsorganen weitaus respektvoller um: »Himmlisches Tor«, wie in China gesagt wird, oder »Yoni« sind wirklich treffendere Bezeichnungen.

Was hinter diesem »himmlischen Tor« aus gutem Grund geschützt verborgen ist, gilt zu Recht als höchstes weibliches Gut: Die Klitoris mit ihren 8 000 Nervenfasern ist so empfindsam wie keine andere Stelle im weiblichen Körper und viel empfindsamer als der Penis. Sie hat einzig und allein die Aufgabe, uns Frauen Lust zu verschaffen – und zwar von der Jugend bis ins hohe Alter!

Natalie Angier schreibt dazu: »Einzig in der Klitoris sehen wir ein Geschlechtsorgan, das so ausschließlich seiner Funktion und Aufgabe geweiht ist, dass es keines Mondlichts als eines zusätzlichen sekretions- oder exkretionsanregenden Hilfsmittels bedarf. Aus diesem Grund ist es vielleicht wirklich klug eingerichtet, dass die Klitoris normalerweise in der Schamspalte verborgen bleibt. Sie ist gewissermaßen ein privater Scherz, ein göttliches Geheimnis, eine Büchse der Pandora, die nicht ein einziges Übel enthält, dafür randvoll mit Freude gefüllt ist.« (Angier 2000; Seite 94)

Kleine Mädchen entdecken dieses wunderbare Körperteil sehr bald und von ganz allein – und dazu sollten wir ihnen einfach nur Gelegenheit bieten. Wer seinen Körper auf ungezwungene Weise erfahren darf, muss andere nicht um ihren Penis beneiden. Und übrigens können auch Mädchen im Stehen pinkeln.

Marianne Grabrucker schreibt dazu, dass sie ihrer kleinen Tochter im Sommer einen Kittel angezogen hat – und darunter keine Unterhose. So konnte die Kleine draußen jederzeit pinkeln – wahlweise hockend oder stehend.

Während Männer und kleine Jungen ihre Geschlechtsteile sehr einfach betrachten und begreifen können, haben Mädchen es mit Verborgenem zu tun. Die meisten Frauen wissen gar nicht, wie sie »unten herum« aussehen – dabei sind die individuellen Unterschiede dort ebenso groß wie bei allen anderen körperlichen Merkmalen. Wir sollten uns selbst mit Hilfe eines Spiegels einmal anschauen und das auch unserer Tochter ermöglichen. Zeigen Sie Ihrer Tochter, wenn sie Interesse zeigt, wo das Pipi herauskommt, was die Klitoris ist und durch welche Öffnung die Babys schlüpfen.

Geben Sie Ihrer Tochter Gelegenheit, ihren weiblichen Körper mit seinen Reizen kennen zu lernen.

Unser Körper ist ein Wunder – und das sollten unsere Töchter erfahren, bevor sie sich von der Werbung etwas anderes einreden lassen. Und was ihn vor allem anderen von einem männlichen Körper unterscheidet, ist die Fähigkeit, neues Leben auszutragen und zu gebären. Schon allein dafür gebührt ihm Achtung und Respekt!

Selbstbeherrschung – eine weibliche Eigenschaft?

Einer der Hauptunterschiede zwischen Jungen und Mädchen besteht darin, dass Mädchen leichter aus ihren Fehlern lernen, meint Susan Gilbert. Können Sie das bestätigen?

Die amerikanische Psychologin Eleanor Maccoby beobachtete einjährige Mädchen und Jungen im Wartezimmer eines Arztes. Während die Jungen häufig nach Gegenständen griffen, deren Berührung die Eltern verboten hatten, hielten sich die Mädchen in der Regel an dieses Verbot. Waren sie einfach braver?

Es gibt ein klassisches Experiment, um das Erinnerungsvermögen und die Impulskontrolle von acht Monate alten Krabbelkindern zu testen. Dabei wird ein Gegenstand irgendwo versteckt und dann unter den Blicken des Kindes an einen anderen Ort gebracht. Normalerweise suchen die meisten Kinder den Gegenstand dort, wo er versteckt wurde. Sie haben entweder vergessen, dass er an einen anderen Ort gebracht wurde, oder aber sie können dem Impuls nicht widerstehen, dort zu suchen, wo sie immer gesucht haben. In einer Studie wurden männliche und weibliche Krabbelkinder bei diesem Experiment mit zunehmendem Alter immer besser, die Mädchen indes machten deutlich größere Fortschritte.

Ähnliches können wir beim Thema Sauberkeit feststellen: Die meisten Eltern beobachten, dass Mädchen ihre Blase eher kontrollieren können als Jungen. Einer Untersuchung zufolge sind mit zweieinhalb Jahren 30 Prozent der Mädchen, aber nur 15 Prozent der Jungen sauber. Mit drei Jahren haben das 70 Prozent der Mädchen, aber nur die Hälfte der Jungen geschafft. Maccoby führt diese geschlechtsspezifischen Unterschiede auf den unterschiedlichen Reifegrad des Gehirns bei gleichaltrigen

Jungen und Mädchen zurück. Natürlich kennen alle Eltern von Mädchen auch Ausnahmen. Kürzlich erst rief mich eine hilflose Mutter an, deren eineinhalbjährige Tocher ihre Spielgefährten immer wieder umschubst und keinerlei Reue für ihr Verhalten zeigt.

Insgesamt scheinen Mädchen sich im Allgemeinen besser beherrschen zu können als Jungen. Das zeigt sich nicht zuletzt an den Wutanfällen, die bei ein- und zweijährigen Kindern normal sind und in diesem Alter bei Jungen und Mädchen gleich häufig auftreten. Im dritten Lebensjahr jedoch bekommen Mädchen deutlich weniger Wutanfälle und können sich auch leichter in das Kindergartenleben einfügen als Jungen.

Vom Umgang mit Ängsten

Alle Kinder haben manchmal Angst, ob es nun Jungen oder Mädchen sind. Während von Männern in der Gesellschaft erwartet wird, dass sie ihre Ängste nicht zeigen, ist es bei Frauen und erst recht bei Mädchen eher erlaubt. Deshalb geben sie auch leichter als Jungen und Männer zu, Angst zu haben.

Jerome Kagan, Professor für Psychologie in Harvard, hat in einer Langzeitstudie die Ängste von Jungen und Mädchen untersucht und dabei festgestellt, dass Mädchen schon im Kleinkindalter ängstlicher sind als Jungen. Während beide Geschlechter im Alter von vier Monaten gleich heftig auf neue, unbekannte Reize wie scharfer Geruch oder leuchtende Mobiles reagierten, gab es im Alter von vierzehn Monaten schon deutliche Unterschiede. Ängstliche Kinder, vor allem Mädchen, hatten einen beschleunigten Herzschlag und größere Mengen Stresshormone im Blut, ihr Gesicht war angespannt und die

Pupillen waren erweitert. Dies ist ein Zeichen für die Aktivität der Amygdala, einem mandelförmigen Kern im limbischen System unseres Gehirns, der Angst registriert und auslöst. Da Androgene, also männliche Hormone, auf diese Nervenzellen wirken, zeigen Jungen weniger Angstreaktionen. Aber selbst Kagan meint, dass übermäßige Angst bei Mädchen auch mit der betonten Fürsorglichkeit der Eltern und Betreuer zusammenhängt. Wenn man Kindern ganz normale Erfahrungen ermöglicht – wie zum Beispiel das Hinfallen oder Ausrutschen – dann lernen sie auch, mit solchen Missgeschicken fertig zu werden, unabhängig davon, ob sie nun Jungen oder Mädchen sind (siehe Seite 61).

Wie jedes Gefühl, so ist auch Angst nützlich und sinnvoll: Sie bereitet uns auf schwierige Situationen vor und schützt uns vor Gefahr.

Beobachtet wurde auch, das Eltern ihre kleinen Mädchen oft zum Aufgeben ermuntern, weil sie Dinge zu gefährlich oder als nicht für Mädchen geeignet betrachten. Zum Beispiel wird vielen Jungen gesagt, sie dürften sich wehren, während Mädchen lernen, Dinge hinzunehmen und Aggressivität zu unterdrücken.

Weil Wut ein Gefühl ist, das alle Menschen kennen, erfüllt sie auch eine Funktion: Sie hilft uns, für uns einzustehen und Aufgaben in Angriff zu nehmen – kurz: Sie verleiht uns Mut. Wer Wut unterdrückt, lebt deshalb ungesund. Früher oder später wird sich unterdrückte Wut in Bauch- oder Kopfschmerzen Bahn brechen – aber auch in Ängsten! Denn unsere eigenen »schlechten Gefühle«, die wir nicht haben dürfen, kehren unbewusst zu uns zurück – oft als »Monster« oder »schwarze Männer«.

Angst – das kann nicht oft genug betont werden –, ist wie jedes andere Gefühl auch sinnvoll und nützlich. Unsere Angst mahnt uns, auf uns aufzupassen und die Gegebenheiten genau zu prüfen. Angst hilft, uns auf schwierige oder unbekannte

Situationen vorzubereiten. Anstatt uns von der Angst überwältigen zu lassen und in Hilflosigkeit zu erstarren, können wir sie für unsere Zwecke nutzen. Angst ist Energie, die uns helfen kann, ein Problem zu lösen und eine Aufgabe zu bewältigen.

Nehmen wir die Angst vor einer neuen Situation, zum Beispiel einen Zahnarztbesuch. Es ist völlig normal, vor etwas Neuem Angst zu haben. Sagen Sie das Ihrer Tochter: »Ich verstehe, dass du Angst hast. Immer, wenn wir etwas Neues tun oder ausprobieren sollen, haben wir Angst. Gerade deshalb solltest du es ausprobieren – nur so kannst du deine Angst überwinden.« Erklären Sie ihr, dass die Angst hilft, uns auf eine Situation vorzubereiten. »Ich habe Angst, und ich handle trotzdem!« Das ist ein sehr wichtiger Satz, denn er erinnert uns an unsere eigene Stärke. Reden Sie über das, was beim Zahnarzt passieren wird. Ist der Zahnarztbesuch erfolgreich überstanden, fühlt das Kind sich gestärkt: »Es ist geschafft – ich habe es geschafft. Trotz meiner Angst. Ich habe meine Angst überwunden.« Das ist ein unglaublich gutes Gefühl!

Je öfter ein Kind diese positive Erfahrung macht, desto besser wird es mit eigener Angst umgehen. Erinnern Sie Ihre Tochter daran, dass sie vielleicht zuerst nicht Rad fahren wollte, es dann aber gelernt hat, dass sie Angst vorm Wasser hatte, heute aber gern badet, dass sie nicht in den Kindergarten wollte, jetzt aber begeistert hingeht.

Eine weitere Hilfe im Umgang mit Angst ist körperliche Gewandtheit. Indem wir unsere Körperkräfte entdecken, lernen wir auch, unseren Kör-per zu beherrschen (siehe Seite 61). Das beginnt mit einfachen Spielen, die insbesondere Väter mit ihren Töchtern spielen – sie heben sie zum Beispiel hoch und lassen sie »fliegen« –, und setzt sich in scherzhaften Raufereien und Reiterspielen fort. Beim Eltern-Kind-Turnen

Singen ist ein überaus wirksames Mittel, um Angst zu besiegen.

lernen Eltern einfache Übungen kennen, die ihren Kindern Spaß machen, und sie erfahren, wie das Töchterchen reagiert. Bitte hüten Sie sich auch hier vor Vergleichen! Folgen Sie der kindlichen Freude, und ermuntern Sie Ihr Kind immer wieder zu körperlichen Aktivitäten, die es herausfordert.

Übrigens ist auch Singen ein gutes Mittel gegen Angst – der Volksmund spricht nicht umsonst vom »Pfeifen im dunklen Wald«. Wenn Sie häufig ohne besonderen Anlass gemeinsam mit Ihrer Tochter singen, baut sie ein Repertoire an Liedern auf, was ihr in vielerlei Situationen nützlich sein kann. Lieder gegen Angst gibt es auch auf Kinderkassetten oder CDs. Lassen Sie Ihre Tochter mit diesen Liedern nicht allein, singen Sie sie gemeinsam. Mit jedem Erfolgserlebnis, das Ihr Kind hat, wächst sein Vertrauen und schrumpft seine Angst.

Auch Entspannungsübungen sind ein bewährtes Mittel für den Umgang mit Ängsten. Wer sich entspannen kann, begegnet Angst einflößenden Situationen selbstbewusster.

Bauen Sie in Ihre Gutenacht-Geschichten Phantasiereisen und Entspannungsübungen ein. Auf diese Weise geben Sie Ihrer Tochter einen wahren Schatz mit auf den Lebensweg. Anregungen hierfür finden Sie in jeder Stadtbibliothek. Dort finden Sie (Bilder-)Bücher, die von Kindern erzählen, die ihre Angst überwunden haben. In diesem Zusammenhang möchte ich insbesondere auf die Geschichten der Linde von Keyserlingk hinweisen (siehe Seite 185).

Phantasiereise: Besuch bei meinem Schutzengel

Mach es dir ganz bequem … und spüre, wie dein Atem kommt und geht, ganz von allein … Spüre deine Füße … deine Beine … dein Becken, wo es Kontakt zum Boden hat … und deinen Bauch … Lass den Bauch weich sein, und fühle, wie er vom Atem bewegt wird … Spüre deinen Rücken … deine Brust …

deine Schultern … Und dann stell dir vor, dass du deinen Atem durch beide Arme schicken kannst, wenn du ausatmest, so dass er an den Fingerspitzen wieder austritt (längere Pause) … Nun spüre deinen Hals, den Kopf … dein Kinn … Ober- und Unterkiefer berühren sich nicht … deine Zunge liegt entspannt am Gaumen … deine Wangen sind weich und entspannt … Und nun stell dir vor, dass du beim nächsten Ausatmen deinen Atem durch den ganzen Körper schickst, so dass er an den Zehen wieder austritt … und beim nächsten Ausatmen stellst du dir vor, dass der Atem aus deinem Kopf wie bei einem Wal heraussprudelt … Und nun stell dir vor, dass dein Atem eine Farbe hat, die dir jetzt gut tut … so dass du früher oder später eingehüllt wirst in eine Kugel aus weißem oder farbigem Licht … Und du liegst da sicher und geborgen … Nun kannst du in deiner Kugel eine Reise machen … Zu den Sternen oder zum Mond … Und früher oder später triffst du deinen Schutzengel … Vielleicht kannst du ihn sehen oder du ahnst ihn nur … Aber du spürst dieses Gefühl von Sicherheit und Geborgenheit … Vielleicht sendet dir dein Schutzengel schon jetzt einen tröstenden Gedanken … ein Wort … oder ein schönes Bild … Und in der Gewissheit, dass du jederzeit wieder eine Reise zu deinem Schutzengel machen kannst, schwebst du jetzt in deiner Kugel zurück auf die Erde … zurück in diesen Raum … Und du reckst dich und streckst dich … und bist wieder hier, erfrischt und wach.

Ängste von Eltern

Eltern haben immer wieder Angst um ihre Kinder. Kein Wunder – denn sie wissen um die vielen Gefahren, denen Kinder heute ausgesetzt sind. Diese Angst ist bis zu einem gewissen Grad auch notwendig, denn sie mahnt uns, unsere Elternpflichten ernst zu nehmen und unser Kind vor Gefahr zu schützen. Kinder müssen im Auto angeschnallt, Putzmittel unerreichbar für sie weggeschlossen werden, heißes Wasser und heiße Getränke dürfen nicht in Reichweite eines unbeaufsichtigten Kleinkindes stehen, Gartenteiche sind einzuzäunen und vieles andere mehr. Verantwortungsbewusste Eltern wissen das alles – und trotzdem verunglücken die meisten Kinder im Haushalt.

Was Eltern jedoch oft nicht wissen: Kinder verunglücken gerade dann leicht, wenn wir sie immerzu vor Erfahrungen schützen. So muss ein Kind zum Beispiel fallen lernen, damit es lernt, sich abzufangen. Es kann in unserer Sitz- und Fahrgesellschaft gar nicht oft genug betont werden, dass Hinfallen eine wichtige und notwendige kindliche Erfahrung ist!

Eltern schützen ihr Kind am besten, wenn sie ihm zeigen, was im Alltag alles passieren kann. Zeigen Sie Ihrer Tochter deshalb wie eine Tür sich schließt und öffnet und an welchen Stellen der Finger eingeklemmt werden kann. Beweisen Sie ihrem Kind, dass ein entzündetes Streichholz und die Teekanne heiß sind, dass ein Messer eine scharfe Seite hat und dass man besser mit den Beinen zuerst vom Sofa rutscht statt mit dem Kopf. Eltern schützen ihre Kinder immer dann, wenn sie ihnen erlauben, auf Bäume zu klettern, Abhänge hinunterzurollen, zu balancieren, zu matschen und rückwärts zu gehen. Kinder lernen durch Erfahrung – und Erfahrung in einem geschützten Rahmen sammeln zu können, ist der beste Schutz vor Unfällen.

Kinder lernen am besten durch Erfahrung – in einem geschützten Rahmen ist das der beste Schutz vor Unfällen.

Sie werden auch schon beobachtet haben, dass es unter Kindern »Vorsichtige« und »Draufgänger« gibt. Das können sowohl Mädchen als auch Jungen sein. Vorsichtige Kinder sollte man ermutigen und anregen, sich zu erproben. »Draufgänger« sollten hingegen in einem geschützten Rahmen die notwendigen Erfahrungen machen dürfen.

Wenn Ihre Tochter ein mutiger »Wildfang« ist, so unterstützen Sie sie! Fördern Sie Ihr natürliches Talent, auch wenn es vielleicht nicht ins gängige Mädchenschema passt oder Ihren eigenen Vorstellungen zunächst nicht entspricht. Wer die Stärken seines Kindes fördert, hat es viel leichter, als derjenige, der Schwächen zu beseitigen versucht. Gehen Sie mit der Freude! Alles was Ihr Kind darf, lernt es – und alles, was es gelernt hat, macht es stolz. Dieser Stolz auf die eigenen Fähigkeiten ist die Grundlage für ein stabiles Selbstwertgefühl. Und das ist die beste Garantie, dass Ihre Tochter weder Täter noch Opfer wird. Denn Täter und Opfer haben in aller Regel ein schwaches Selbstwertgefühl. Darauf komme ich auf den folgenden Seiten noch zu sprechen.

Zurück zum Umgang mit Ängsten. Es gibt spezifische Ängste von Mädchen-Eltern und die haben mit dem Geschlecht zu tun.

Niemand kann sich ganz davon freimachen. Von Zeit zu Zeit werden diese Ängste auch öffentlich: Wenn wieder einmal ein Mädchen verschwunden, missbraucht, vergewaltigt und dann ermordet wurde. Es bedrängt uns, was Männer Frauen, was Väter ihren Töchtern mitunter antun. Zunächst einmal: Stehen Sie zu ihrer Angst. Es führt überhaupt nicht weiter, sie verdrängen zu wollen. Im Gegenteil. Betrachten Sie Ihre Angst genau. Aus welcher Quelle wird sie gespeist? Haben Sie eigene Erfahrungen mit (sexueller) Gewalt gemacht? Wenn das der Fall ist, sollten Sie Ihre Erfahrungen mit einer Therapeutin aufarbeiten, damit Sie Ihre Ängste nicht unbewusst auf ihr Kind übertragen. Nur auf diese Weise lässt sich ein unheilvoller Kreislauf durchbrechen.

Wenn Sie keine eigenen Gewalt-Erfahrungen haben, beruhen Ihre Ängste möglicherweise auf Berichten in Zeitungen, Büchern und dem Fernsehen. Wenn irgendwo in Deutschland ein Mädchen ermordet wird, ist es eine Top-Meldung. Dass jedoch täglich viele Mädchen bei Autounfällen ums Leben kommen oder an Krebs sterben, ist kaum eine Nachricht wert. Das heißt: Die Realität wird in den Medien verzerrt abgebildet. Machen Sie sich also bewusst, dass Ihre Angst unter Umständen durch die Medien erzeugt wurde. Vielleicht hilft es Ihnen, wenn Sie sich klarmachen, dass Sie ja täglich Auto fahren, obwohl Sie wissen, dass die Gefahr, damit zu verunglücken, statistisch gesehen höher ist, als einem Gewaltverbrechen zum Opfer zu fallen.

Stehen Sie zu Ihren Ängsten – sie verdrängen zu wollen, ist keine Lösung.

Margot Käßmann schreibt dazu: »Kinder jetzt mit der Dauersorge vor einem ›Kinderschänder‹ zu belasten, ist einerseits eine Überforderung für sie und ignoriert andererseits, dass Täter von Missbrauch und Vergewaltigung im nächsten Umkreis von Verwandten und Freunden zu finden sind. Die Ängste und Vorsichtsmaßnahemen werden also in eine falsche Richtung gelenkt. Immer wieder wird betont, dass Selbstbewusstsein für Kinder das beste Mittel gegen Missbrauch ist. Es geht deshalb darum, dies zu stärken, anstatt Furcht zu verbreiten, die klein macht.« (Käßmann 2001; Seite 129)

Die Möglichkeit, dass wir unsere Kinder verlieren, ist immer gegeben. Das sollte uns veranlassen, jeden Tag, den wir gemeinsam mit ihnen verbringen, zu einem guten Tag zu machen. Es gibt keinen besseren Schutz als Vertrauen und Zuversicht. Und jedes gemeinsame Lachen zählt. Wenn Sie wüssten, Ihr Kind würde morgen sterben, würden Sie heute etwas anders machen?

Manche Eltern, insbesondere Väter, sind verunsichert, weil die Sensibilität für das Thema sexueller Missbrauch in der Vergangenheit auch zu falschen Anschuldigungen geführt hat. Was dürfen Väter mit ihren Töchtern tun, und was ist verboten?

Bitte lassen Sie sich durch Zeitungsmeldungen und Berichte nicht verunsichern. Es gibt sexuellen Missbrauch durch Väter – aber der entsteht nicht aus dem Nichts, sondern ist an bestimmte Beziehungsformen und Familienzusammenhänge gebunden.

Es gibt eine sehr einfache Regel aus der Familientherapie, die immer stimmt: Die Generationsgrenzen müssen bei allem gewahrt bleiben. Als Erwachsener ist es Ihre Aufgabe und Ihre Verantwortung, Grenzen zu setzen. Sie dürfen als Vater so zärtlich zu Ihrer Tochter sein, wie Ihre Tochter es will. Alles, was Ihnen beiden Spaß macht, ist in Ordnung. Sollten Sie dabei tatsächlich sexuell erregt werden, was ja vorkommen kann, dann ist es Ihre Aufgabe als Vater, eine Grenze zu ziehen und das Spiel auf der Stelle zu beenden. Kindliche Sexualität und erwachsene Sexualität dürfen nicht vermischt werden, weil Kinder nicht wissen, was ihnen gut tut. Sie sind ihren Eltern ergeben und von ihnen abhängig. Der Erwachsene trägt immer die Verantwortung für das Kind, weil er über die größere Lebenserfahrung verfügt und in jeder Hinsicht der »Stärkere« ist.

Der Erwachsene trägt immer Verantwortung für das Kind – in besonderem Maße dort, wo es um die Sexualität des Kindes geht.

Manche kleine Mädchen haben das Flirten perfekt gelernt. Sie besitzen einen unwiderstehlichen Charme. Gerade dann sind sie als Vater aufgefordert, klare Grenzen zu ziehen, die Ihrer Verantwortung entsprechen und gerecht werden. Lassen Sie sich von ihrer Tochter nicht um den Finger wickeln, aber weisen Sie sie auch nicht schroff zurück. Sondern sagen sie klar: »Nein, das möchte ich nicht.« Weitere Begründungen ihrerseits sind nicht notwendig.

Eine Mutter erzählte mir kürzlich, dass ihr kleiner Sohn sie mit sechs Jahren in der Badewanne völlig überraschend fragte:

»Mama, wollen wir ficken?« Als sie völlig irritiert nachfragte, was er denn meine, und er ihr fachgerecht erklärte, worum es dabei geht: nämlich seinen Penis in ihre Scheide zu stecken, sei sie völlig panisch aus der Wanne gestiegen und habe seither nie wieder mit ihm gebadet.

Inzwischen waren mehr als zehn Jahre vergangen. »Ich hätte ihm damals ganz ruhig antworten sollen: Nein, das tun wir nicht. Das ist etwas, was ich nur mit deinem Vater mache. Denn du bist ein Kind.«

Denken wir uns die Geschichte umgekehrt, wird sie unvorstellbar: Ein kleines Mädchen würde niemals darum bitten, dass ihr Vater seinen großen Penis in ihre kleine Scheide einführt – denn sie weiß, dass das wehtut, und deshalb hat sie zu Recht Angst davor.

Bedenken Sie bitte stets, dass Kinder nicht auf der Welt sind, um *uns* Freude zu machen. Der Vater einer Klientin von mir hat zum Beispiel seine Tochter gezwungen, vor ihm zu tanzen. Er fand das schön – sie aber nicht. Auch das ist Missbrauch. Ein anderer Vater wollte, dass seine Tochter in einer bestimmten Stellung mit ihm kuschelt. Immer, wenn wir unsere Kinder zu etwas zwingen, was wir wollen, weil es gut für uns ist, missbrauchen wir sie. Auch wenn es nur ein Kuss ist, den wir ungefragt verteilen oder erbetteln, obwohl das Kind das nicht mag!

Bei allem, was Kinder betrifft, sollten Sie stets eines bedenken: Kinder sind nicht dazu da, uns Erwachsenen Freude zu machen.

Solange Sie als Vater die Persönlichkeit Ihrer Tochter achten und respektieren und sich selbst mit Ihren Stärken und Schwächen gut kennen, brauchen Sie sich keine sorgenvollen Gedanken zu machen und dürfen Ihre Tochter weiter mit Zärtlichkeit verwöhnen.

Wie Sie Ihre Tochter schützen

Ein ausgeprägtes Selbstwertgefühl ist der beste Schutz, den Sie Ihrer Tochter mitgeben können. Selbstwertgefühl heißt, sich selbst wertvoll zu finden, unabhängig von Aussehen, Können und Leistung. Wenn ich mich selbst wertvoll fühle, trete ich auch für mich ein und verteidige meine Rechte und meinen Körper. Natürlich: Jede Frau kann Opfer eines Gewaltverbrechens werden, aber die Gefahr ist statistisch gesehen sehr gering.

Als Kinder spielten wir oft *Wer hat Angst vorm schwarzen Mann?* Das rief die eine Gruppe, in einer Reihe stehend. »Niemand!«, brüllten die von der gegenüberliegenden Seite zurück. »Und wenn er kommt?« – »Dann kommt er eben!« Jetzt musste man loslaufen und versuchen, auf die gegenüberliegende Seite zu gelangen ohne gefangen zu werden.

Dieses Spiel ist leider etwas aus der Mode gekommen. Aber überall dort, wo Mädchen es spielen, machen sie die wohltuende und aufregende Erfahrung, dass man etwas riskieren, siegreich daraus hervorgehen und sicher ans Ziel kommen kann. Wenn Ihre Tochter einen Mannschaftssport betreibt, wird sie Ähnliches erleben.

Erlauben Sie Ihrer Tochter, alle Gefühle zum Ausdruck zu bringen, gerade auch die so genannten negativen wie Eifersucht, Wut und Zorn. Aggressionen helfen, für uns einzustehen und uns im Leben zu behaupten. Wir Frauen dürfen sie haben und sollten sie offen und fair ausleben! In früheren Generationen wurde Mädchen oft verboten, sich zu wehren, laut zu sein oder heftig. Für unsere Gesundheit sind der Ausdruck authentischer Gefühle jedoch lebenswichtig. Bringen Sie Ihrer Tochter bei, dass sie Nein sagen darf und das Recht hat, über ihren Körper zu bestimmen. Kein Küsschen auf Komando! Nicht auf den Schoß setzen, wenn sie das nicht will!

In Fortbildungen, die ich für Erzieherinnen gebe, erfahre ich immer wieder, dass Eltern ihre Kinder ständig mit dem Auto irgendwo hinbringen und wieder abholen, weil sie Angst vor »Sexgangstern« haben. Ich glaube nicht, dass Sie Ihrer Tochter damit einen großen Gefallen tun. Bringen Sie Ihr lieber bei, zu schreien, zu treten und sich zu wehren. Unsere weiblichen Hemmungen richten oft Schaden an.

Nicky Marone zitiert eine Untersuchung, bei der Wissenschaftler in New York gewöhnliche Menschen, Fußgänger, mit Videokameras filmten, wie sie die Straße entlanggingen. Diese Aufnahmen wurden Strafgefangenen vorgeführt. Sie sollten sagen, welche Menschen als mögliche Opfer in Frage kämen. Dabei gelangte man zu aussagekräftigen Ergebnissen. Es waren immer die gleichen Menschen, die als Opfer in Frage kamen. Sie zeichneten sich durch eine Körpersprache aus, die Zerbrechlichkeit, Verwirrung und Unsicherheit ausdrückte. (Marone, Gute Väter …; Seite 181 f.)

Helfen Sie Ihrer Tochter, Freude an Bewegung, Ausdruck und Selbstverteidigung zu empfinden und ihren Körper wie einen Tempel zu pflegen!

Der Vater einer Tochter kann übrigens eine Menge für ihr Selbstwertgefühl tun. Wenn sich ein Mädchen von ihrem Vater geliebt, respektiert und geachtet fühlt, bekommt sie damit mehr mit, als in eine Aussteuertruhe aus alten Zeiten passt. Es ist allerdings notwendig, dass Ihre Tochter diese Liebe und Achtung aus Ihrem Verhalten abliest, denn Worte sind »Schall und Rauch«, wenn ihnen keine Taten folgen. Wer seiner Tochter sagt, dass sie toll ist, aber gleichzeitig fragt, warum sie denn »nur« eine Drei in Englisch habe oder warum sie nicht höher gesprungen sei, wird unglaubwürdig. Verbringen Sie Zeit mit Ihrer Tochter, geben Sie

Jede Tochter entwickelt Selbstwertgefühl, wenn sie sich von ihren Vater geachtet und geliebt weiß.

Ihr Anerkennung, für das, was sie geschafft hat, und zeigen Sie ihr die Dinge, die nur Sie als Vater ihr beibringen können. Ich weiß nicht, welche besonderen Fähigkeiten Sie haben, aber ich kann Ihnen versprechen, dass Ihre Tochter genau die gut gebrauchen kann!

Weil ich selbst einen sehr liebevollen Vater hatte, kann ich Ihnen sagen, woran ich seine Liebe gespürt habe: Er hat viele meiner Kinderzeichnungen aufbewahrt und sie gehütet wie einen Schatz. Er ist mit mir oft spazieren gegangen und hat mich dabei an der Hand gehalten: ein Wohlgefühl, das ich bis heute spüre.

Er hat mir Märchen und Geschichten vorgelesen – die mich seitdem begleiten. Er hat mir viel über Pflanzen und Tiere gezeigt und erzählt – ich habe mir fast alles gemerkt. Er hat erlaubt, dass mein kleiner Bruder und ich uns leise in seinem Arbeitszimmer aufhalten durften, während er am Schreibtisch saß und arbeitete.

Das gab uns das Gefühl, wichtig zu sein. Er hat uns Lieder vorgesungen und mit uns gespielt – Szenen, die ich bis heute vor mir sehe. Er hat später versucht, mir bei den Mathe-Aufgaben zu helfen. Leider vergeblich. Er hat meine Schulaufsätze abgetippt und aufgehoben. Er ist zu meinen Lehrerinnen gegangen und hat solange mit ihnen geredet, bis ich doch versetzt wurde. Er war immer bereit, auf Fragen zu antworten und in Büchern nachzuschlagen, wenn es etwas herauszufinden galt. Er hat versucht, mich vor Schaden zu bewahren und immer seine Meinung gesagt. Oft auch ungefragt. Vieles wollte ich damals nicht hören. Manchmal habe ich die Augen verdreht. Heute weiß ich jedoch, dass er in den allermeisten Dingen einfach Recht hatte.

Gelegenheit, das Selbstwertgefühl Ihrer Tochter zu stärken, besteht schon, wenn Sie noch ein Kleinkind ist. Eilen Sie ihr nicht immer vorschnell zu Hilfe, sondern überlassen Sie es Ihrer

Tochter, selbst Mittel und Wege zu finden, unter Umständen zu »scheitern« und es erneut zu versuchen. Wenn sie zum Beispiel Bauklötze übereinander stapelt, wird der Turm irgendwann einstürzen, wenn er zu hoch ist und kippelt; irgendwann wird Ihre Tochter wissen, wie hoch ein Turm sein darf, um gerade noch stabil zu sein. (Nebenbei bemerkt: Das Spiel mit Bauklötzen fördert das räumliche Vorstellungsvermögen.) Es ist auch völlig normal, dass Kleinkinder beim Laufenlernen hinfallen – und immer wieder aufstehen, so lange, bis es klappt. Diese Erfahrungen sind auch für kleine Mädchen unverzichtbar, denn sie stärken ihr Selbstvertrauen und Selbstbewusstsein.

Mein Rat: Beobachten Sie Ihre Tochter, und erkunden Sie ihre Interessen und Neigungen. Unterstützen Sie, was ihr Freude macht, und regen Sie sie an, Neues auszuprobieren. Bei aller Förderung werden Sie jedoch aus einem zurückhaltenden Kind keine »Draufgängerin« machen. Es wird immer Kinder geben, die sich nicht gut selbst schützen können – und daher unseren besonderen Schutz brauchen.

Ein Kind fühlt sich geliebt und wertvoll, wenn es zuverlässig versorgt, getragen und zärtlich berührt wird, wenn man mit ihm spricht und seine Bedürfnisse ernst nimmt. Jedes Kind kann nur dann Selbstwertgefühl entwickeln, wenn es die bedingungslose Liebe seiner Eltern spürt, eine Liebe, die einzig und allein auf seinem Wert als Mensch beruht und nicht an Leistung oder Aussehen gemessen wird.

Die Liebe zu einem Kind sollte auf seinem Wert als Mensch gründen und nicht an Leistung und Aussehen gemessen werden.

So entsteht Selbstwertgefühl auch gerade dann, wenn ein Kind versagt, nicht so fröhlich ist, wie wir es erhofft haben, eine Leistung nicht bringt und anders aussieht als erwartet, aber dennoch deutlich spürt: Meine Eltern lieben mich – und zwar so, wie ich bin!

Wodurch spürt ein Kind die Liebe seiner Eltern? Indem es weiß, dass seine Eltern es zuverlässig versorgen, dass sie Zeit für es haben, Interesse an dem, was es tut, zeigen und ihre Zuneigung ausdrücken. Eigentlich sehr einfach, nicht wahr? Sie müssen Ihr Kind einfach so behandeln wie Ihre beste Freundin: mit Respekt, Achtung und Würde.

Malt unsere Tochter den ersten Strich, loben wir sie: »Du kannst das! Du malst!« Unsere Freude wird ihr ein Ansporn sein, und irgendwann entsteht der erste Kreis – wieder ein Entwicklungsschritt.

Indem wir das Leben unserer Tochter beobachtend begleiten, sie wahrnehmen und ihre Fortschritte mit Freude beachten und würdigen, fühlt sie sich gut und wird weiterhin Fortschritte machen.

In einer Untersuchung wurden Väter aufgefordert, mit ihren Töchtern und Söhnen Puzzles zu legen. Wenn die kleinen Jungen einen Wutanfall bekamen, weil sie es nicht schafften, ignorierten die Väter das und konzentrierten sich weiter auf die Lösung des Problems. Begannen jedoch die Töchter zu weinen, wurden sie mit Aussagen wie »Das macht doch nichts, meine Kleine« getröstet. Ihnen wurde auch viel öfter geholfen.

Wenn kleine Mädchen häufig solche Erfahrungen machen, strengen sie sich auf Dauer weniger an und geben sich eher hilflos. Das Selbstwertgefühl wächst dadurch nicht. Lassen wir das kleine Kind jedoch in Ruhe mit den Puzzle-Teilen experimentieren, wird es irgendwann einmal von selbst Erfolg haben und stolz auf sich sein.

Absolut schädlich sind Kritik, negative Urteile, abwertende, ironische Bemerkungen und Ignoranz. Derartige Angriffe auf das kindliche Selbstwertgefühl, wie sie leider häufig von Erwachsenen, ja auch von Pädagogen zu hören sind, ziehen verheerende, lang anhaltende Schäden nach sich.

In diesem Zusammenhang möchte ich betonen, dass Fernsehen kleinen Kindern schadet. Zum einen, weil sie dadurch am konkreten Tun gehindert werden, durch das Selbstwertgefühl überhaupt erst entsteht und gedeiht. Zum anderen, weil die Bilderflut die eigenen inneren Bilder überdeckt und damit die eigene Phantasie und Vorstellungskraft einschränkt. Doch gerade die Vorstellungskraft ist die Grundlage jeder kreativen Intelligenz. Je mehr wir selbst schöpferisch tätig sind, desto wertvoller fühlen wir uns auch. Daher ist es auch so wichtig, Kindern weniger »fertige Dinge« zum Spielen zu geben, als sie vielmehr Dinge selbst herstellen und damit experimentieren zu lassen.

Unsachliche Kritik und abwertende Bemerkungen von Seiten Erwachsener schwächen das kindliche Selbstwertgefühl.

Astrid Lindgren hat dazu auch eine sehr schöne Geschichte geschrieben: *Die Prinzessin, die nicht spielen wollte.* (siehe Astrid Lindgren: Märchen; Seite 83 f.) Darin langweilt sich eine überbehütete Prinzessin in ihrem Schloss zu Tode. Umgeben von ihren Spielsachen, weiß sie nicht, wie man spielt. Erst als Maja, ein Kind, das sich seine Phantasie bewahren konnte, mit ihrer schlichten Holzpuppe vorbeikommt, beginnt für beide eine wunderbare Zeit.

In vielen Kindergärten werden jetzt spielzeugfreie Tage eingeführt. Das gilt übrigens auch als Drogenprophylaxe! Die Erzieherinnen machen die Erfahrung, dass die Kinder bald ganz von selbst auf gute Spielideen kommen und mit dem Mobiliar, Papier, Klebstoff und Naturmaterialien wie Sand, Wasser, Holz und Steine wunderbar spielen können. Das sollte sich herumsprechen.

Wenn Kinder sich mit wenig beschäftigen können und die Erfahrung machen, dass sie durch eigene Aktivität verändernd in das Geschehen eingreifen können, werden sie stark und laufen weniger Gefahr, zum wehrlosen Opfer äußerer Umstände zu werden.

Selbstverteidigung

Wir leben in einer Welt von Gewalt und Kampf. Und wir dürfen mitkämpfen!

Hannelore Ingwersen beschreibt in ihrem Lebensbericht, wie sie in einer therapeutischen Situation einen Schwertkampf führen sollte und dabei völlig versagte. Wir Frauen haben in der Regel nicht gelernt, für uns selbst zu kämpfen – das muss sich ändern! Selbstverteidigungskurse helfen uns nicht nur auf einer körperlichen Ebene: Wir werden mutiger, bekommen ein Gefühl für unser körperliches Können und unsere Kraft. Sie helfen auch auf der geistigen Ebene: Wir dürfen uns als Mädchen und Frauen durchsetzen, Raum einnehmen und unseren Platz und unsere Ansichten verteidigen.

Frauen haben nicht gelernt, für sich selbst zu kämpfen, das muss sich ändern!

Erkundigen Sie sich, welche Kurse es in Ihrer Nähe gibt. Aikido, Judo und Karate sind Kampfsportarten, die den ganzen Körper stärken und auch die Achtung vor dem Gegner lehren. Indem man sich vor jedem Kampf vor dem Gegner verneigt, drückt man seine Wertschätzung aus. Schließlich kann man nur an ihm und mit ihm lernen und weiterkommen.

In Wochenendkursen werden oft spezielle Selbstverteidigungsmaßnahmen vermittelt, die man ohne jahrelanges Training sofort anwenden kann.

Setzen Sie sich an Ihrer Schule dafür ein, dass solche Kurse angeboten werden, selbst wenn Sie dafür bezahlen müssen.

Nicky Marone erzählt die wahre Geschichte der einundzwanzigjährigen Ginny, die nachts in einem Restaurant arbeitete. Diese kleine und zierliche Frau hatte immer Angst, nach der Arbeit zu ihrem Auto zu gehen. Eines Nachts bemerkte sie dann einen Mann und wusste, dass er ihr etwas antun wollte. Sie bekam heftige Angst, beschloss aber, all ihren Mut zusammenzunehmen und sich zu verteidigen. Zuerst warf sie ihre Handtasche zu Boden, dann begab sie sich in eine Verteidigungsstellung: Füße hüftbreit nebeneinander gestellt, Gewicht gleichmäßig verteilt, Fäuste oben. Sie spielte den Angreifer und sagte: »Du Freundchen, ich habe keine Ahnung, was du willst oder warum du hier bist, aber ich sage dir, dass es nicht einfach werden wird. Ich bin bereit zu kämpfen.«

Für ein paar Augenblicke standen sie sich gegenüber und sahen sich an. Dann wandte sich der Mann von ihr ab und ging ohne sich umzudrehen weg. Ginny führt die Fähigkeit zu dieser Aktion auf den guten Kontakt zu ihrem Vater zurück. Als zweites Kind, das eigentlich ein Junge werden sollte, nahm er sie mit zum Fischen und auf die Jagd, übte mit ihr Armstemmen und zeigte ihr, wie man Autos repariert. Auf diese Weise hat sie sich zum Teil mit männlichem Verhalten identifiziert. Nicky Marone schreibt: »Ginny wäre höchstwahrscheinlich zum Opfer geworden, hätte sie nicht gelernt, sich aggressiv zu verhalten. Bedauerlicherweise wird aggressives Verhalten bei Frauen nicht gefördert.« (Marone: Gute Väter… ; Seite 180)

Die Bereitschaft zur Selbstverteidigung ist nicht nur eine Frage körperlicher Gewandtheit, sondern auch eine geistige Haltung: Ich darf mich wehren!

Von vielen weiblichen Tieren wissen wir, dass sie ihre Jungen mit äußerster Kraft verteidigen, wenn sie um ihr Leben bangen. Viele Mütter sind da nicht anders. Wir sind bereit, zu kämpfen, um Leben zu verteidigen. Und wenn wir das tun wollen, dann müssen wir es auch üben!

Erlernte Hilflosigkeit?

In psychologischen Tests wurde festgestellt, dass Kinder unabhängig vom Geschlecht unterschiedlich mit Schwierigkeiten umgehen. Bei gleichem Intelligenz- und Bildungsstand reagieren die einen auf schwierige Aufgaben mit erhöhter Anstrengung, und die anderen lassen sich verunsichern und können schließlich nicht einmal mehr die Aufgaben bewältigen, mit denen sie zuvor spielend fertig geworden sind.

Woher kommt das? Der Hauptunterschied bestand darin, dass diejenigen Kinder, die nicht aufgegeben haben, ein positives Selbstgespräch führten und sich von ihren Fehlern nicht aus dem Konzept bringen ließen. Sie machten sich auch keine Gedanken darüber, warum sie einen Fehler gemacht hatten, sondern sagten sich selbst künftigen Erfolg vorher. Während die hilflosen Kinder mit der Feststellung: »Das kann ich nicht!« resignierten, sagten sich die anderen: »Ich versuche es noch mal – irgendwann wird es schon klappen!«

Bei diesem Test resignierten weit mehr Mädchen als Jungen, obwohl diese Mädchen, gemessen am Durchschnitt der Gruppe, überdurchschnittlich intelligent waren.

In die gleiche Richtung weist eine andere Untersuchung, bei der Mädchen und Jungen befragt wurden, warum sie eine gute Leistung erbracht hatten. Während die meisten Jungen ihre guten Leistungen auf ihre Intelligenz und ihren Fleiß zurückführten, meinten viele Mädchen, die Aufgaben seien eben leicht gewesen. Sie begründeten ihre Leistungen also eher mit günstigen äußeren Umständen als mit eigener Stärke.

Diese Ergebnisse enthalten wichtige Hinweise für Eltern: Wenn unsere Töchter Fehler machen, sollten wir dies nicht bewerten, sondern sie ermuntern, das Scheitern als Information zu nutzen, zum Beispiel, indem wir sie ermuntern: »Das hat nicht geklappt. Dann gibt es vielleicht einen anderen Weg – du wirst ihn sicher finden!« Oder: »Probier einfach etwas anderes aus! Du schaffst das!« Oder: »Na und? Versuchs einfach noch einmal!«

Erlernter Hilflosigkeit liegt die Überzeugung zugrunde, dass zwischen dem eigenen Handeln und dem Ausgang oder Ergebnis keine Verbindung besteht. Einfach ausgedrückt: »Egal, was ich mache, es klappt sowieso nicht.« Kommt Ihnen dieser Satz bekannt vor? Beobachten wir ein Kleinkind beim Spielen, dann sehen wir seine Freude am Experimentieren. Es hat Spaß, wenn es die passende Öffnung für eine Form findet, mit Topfdeckeln ein Geräusch erzeugt, einen Sandkuchen backt oder eine Leiter erklimmt.

Macht unsere Tochter einen Fehler, sollten wir das nicht bewerten, sondern sie ermuntern, einen anderen Weg zu suchen, der sie ans Ziel bringt.

Unterbrechen Eltern diesen natürlichen Entdeckerdrang häufig mit Worten wie: »Lass das bitte – es geht nicht!« oder: »Nein! Das ist zu schwierig!«, wird das Kind zunehmend mutloser. Es denkt dann: »Ich schaffe es nicht, egal wie sehr ich mich anstrenge!«

Diese Reaktion zeigen selbst Erwachsene. Jeder interpretiert die Realität auf seine Weise. In dem Witz von den Pferdeäpfeln kommt das gut zum Ausdruck: Zwei Menschen haben Pferdeäpfel zum Geburtstag bekommen. Der eine ist empört und denkt: »Immer passiert mir so ein Mist!«, der andere hingegen denkt: »Hurra, ich habe ein Pferd bekommen. Leider ist es weggelaufen!«

Menschen, die nicht so schnell aufgeben und an sich selbst glauben, gehen davon aus, dass sich alles ständig verändert. Das bedeutet: Wenn ich heute etwas nicht schaffe, kann mir morgen durchaus gelingen. Außerdem betrachten sie Probleme als

Herausforderung, die prinzipiell zu bewältigen sind. Im Falle eines Misserfolgs geben sie sich nicht automatisch selbst die Schuld, sondern sie entwickeln Kreativität und prüfen, ob andere Wege möglich sind oder welche Strategien doch zum Erfolg führen können.

In dem Film *Lob des Fehlers* zeigt Reinhard Kahl (siehe Literaturverzeichnis), dass Fehler notwendig sind und es wichtig ist, sie nicht negativ zu bewerten, sondern als Ansporn für kreative Lösungen zu nutzen.

Eltern sollten deshalb prüfen, wie sie ihre Tochter ermuntern und darin bestärken können, an sich selbst und an ihre Fähigkeiten zu glauben.

Leider ist es in unserer Gesellschaft gang und gäbe, Kinder zu kritisieren und zu vergleichen. Doch das führt in die falsche Richtung! Vergleiche motivieren nicht, sondern entmutigen, denn jedes Kind ist einzigartig mit seinen Fähigkeiten, Kenntnissen und Erfahrungen.

Dagegen helfen ihm positive Sätze wie: »Du schaffst das!« – »Du kannst das!« – »Du darfst das!« Solche Aussagen fördern die Ausdauer und stärken das Vertrauen in die eigenen Kompetenzen und bewahren vor einer demutsvoll hingenommenen Opferhaltung.

Phantasiereisen für abenteuerlustige Mädchen (ab 3)

Die folgenden Phantasiereisen sind nur Beispiele. Sie können sich selbst einfache Abenteuer für Ihre Tochter ausdenken und dabei ihre Lieblingsorte und -figuren mit einbeziehen. Ihre Tochter kann dabei liegen oder ruhig sitzen und die Augen offen oder geschlossen halten.

Ein Tier im Wald

Mach es dir ganz bequem … Spürst du die Erde unter dir? … Sie trägt dich … Und nun stell dir vor, du bist in einem schönen Wald … Schau dich dort um … Vielleicht kannst du ganz besondere Geräusche hören? … Oder etwas riechen? … Oder fühlen? … Und dann entdeckst du plötzlich ein kleines niedliches Tier … Lass dich überraschen, was für ein Tier das ist … Vielleicht willst du es streicheln … Vielleicht willst du ihm etwas erzählen … oder erzählt das Tier dir etwas? … So, nun ist es Zeit, dass du dich von deinem Tier verabschiedest … Du kannst es in deiner Phantasie immer wieder treffen … Und dann bewege deine Hände und Füße und komm wieder hierher in den Raum, erfrischt und wach.

Bergsteigen

Stell dir vor, dass wir auf einen sehr hohen Berg klettern … Es ist steinig, aber du passt genau auf, wie du deine Füße setzen musst … Du kannst das … Wir klettern immmer höher … Über uns ist die Sonne … Sie wärmt dich … Jetzt sind wir ganz oben und schauen hinunter ins Tal … Siehst du, wie klein die Häuser von oben aussehen? Und die Autos? Und die Menschen? … Wenn wir alles in uns aufgenommen haben, klettern wir wieder hinunter … Wir sind stolz … Und so kommen wir wieder zurück in den Raum, bewegen Hände und Füße und sind erfrischt und wach.

Delfine

Heute gehen wir an den Strand … Es ist ein warmer Tag, und wir schauen aufs Meer … Da – wir sehen einen Delfin aus dem

Wasser springen! … Und noch einen! … Jetzt haben wir Lust zu baden … Wir rennen in das klare Wasser … Hui, wie das spritzt! … Wir schwimmen zu den Delfinen … und spielen mit ihnen … Und dann verabschieden wir uns und schwimmen ans Ufer zurück … Wir wissen: Ein andermal treffen wir uns wieder … Und dann kommen wir vom Strand zurück in diesen Raum, bewegen Hände und Füße, sind erfrischt und wach.

Hindernisse überwinden (ab 5)

Heute wirst du auf deinem Lieblingspferd reiten … Lass dich überraschen, welche Farbe es hat und wie es aussieht … Es mag dich … Das spürt du … Und jetzt darfst du aufsteigen … Du reitest mit deinem Pferd … an einen Ort, den du magst … Sieh dich dort um … Spüre die besondere Kraft an diesem Ort … Fühle diese Stärke, diese Lust … Ihr reitet deinen Lieblingsweg entlang … Jetzt kommt ein Hindernis, aber du weißt, ihr werdet es überwinden … Geschafft! … Ja, ihr seid ein gutes Team … Und jetzt … Schon wieder ein Hindernis! … Ihr nehmt es … Und so reitet ihr noch eine Weile … bis ihr wieder hier seid … Verabschiede dich von deinem Pferd … bis zum nächsten Ausritt… Und dann bewege Hände und Füße und komm wieder her, erfrischt und wach.

Der fliegende Teppich

Stell dir mal einen schönen bunten Teppich vor … Er ist kuschelig weich, und du liegst gern darauf … Und du weißt, dieser Teppich kann fliegen … Vorsichtig hebt er ab … Er segelt mir dir aus dem Fenster … Da unten geht deine Freundin … Du winkst ihr zu … Es geht höher und höher hinauf … Und du weißt, wie du den Teppich steuern kannst … Du kennst den

Trick, ihn mal höher und mal tiefer fliegen zu lassen ... Und dann siehst du dir an, was du schon lange sehen wolltest ... Vielleicht ist es der Zoo ... oder eine andere Stadt ... das Meer ... oder etwas ganz anderes ... Und wenn du genug von deiner Reise hast, fliegst du nach Hause zurück ... dann liegt der Teppich wieder in deinem Zimmer ... Und du kommst zurück, bewegst Hände und Füße und bist erfrischt und wach.

Kindergarten – geschlechtsbewusste Erziehung ist gefragt!

Wahrscheinlich ahnen Sie schon, ob Ihrer Tochter der Abschied von Ihnen am ersten Tag im Kindergarten leicht oder schwer fallen wird. Es ist ganz normal, dass manche Kinder problemlos und neugierig auf diese neue Situation zugehen und andere sich schwer tun und Zeit brauchen. So geht es den Müttern auch! Für manche ist es ganz einfach, ihre Tochter in die Welt ziehen zu sehen, anderen wird schon beim Gedanken daran das Herz schwer.

Jedes Kind sollte Gelegenheit haben, sich mit der Mutter oder dem Vater an den Kindergarten zu gewöhnen und dann eines Tages gern da zu bleiben. Rund 4 000 Stunden ihres Lebens verbringen Kinder durchschnittlich im Kindergarten – und sie werden dort geprägt. Vielleicht ist Ihre Tochter zum ersten Mal in einer Gruppe und mit Jungen zusammen – dann wird sie neben vielen schönen Erlebnissen auch Enttäuschungen erleiden und Konflikte überwinden müssen.

Seit einigen Jahren wird eine »geschlechtsbewusste Pädagogik« gefordert (siehe Focks 2001). Was das bedeutet, wird an folgendem Beispiel deutlich:

Die fünfjährige Eva spielt mit einem Ball. Da kommt der gleichaltrige Lukas und nimmt ihr den Ball weg. Eva beginnt zu weinen und beschwert sich bei der Erzieherin. Und die entgegnet nur: »Petz doch nicht immer!«

In diesem Fall hat die Erzieherin das Verhalten des Jungen unterstützt und ist dem Konflikt nicht auf den Grund gegangen. Das Mädchen wird beschuldigt und gedemütigt. Eine andere Erzieherin könnte so reagieren: »Typisch Macho! Unmöglich, wie sich diese Jungen verhalten!« Und sie würde Lukas bestrafen.

Doch auch damit ist den Kindern nicht geholfen – weder Eva noch Lukas. Auf diese Weise werden die Rollen nur festgeschrieben. Eine geschlechtsbewusste Erzieherin würde Eva auffordern, sich zu wehren, und sie würde das Kind unterstützen, wenn es sich bemüht, den Ball wiederzubekommen. Lukas aber würde nicht mit Geschlechterstereotypen abqualifiziert werden. Mit ihm würde die Erzieherin besprechen, was er tun kann, um den Ball zu bekommen.

Tragen Sie als Eltern dazu bei, dass Mädchen und Jungen im Kindergarten jenseits überkommener Rollenklischees fair behandelt werden.

Wut und Aggressionen werden von Mädchen oft unterdrückt und stauen sich auf. Manchmal werden sie auch gegen sich selbst gerichtet. Diese Mädchen werten sich dann ab, schränken sich ein oder tun sich selbst etwas an.

»Wenn Mädchen bereits im Kindergarten darin unterstützt werden, ihre Wut wahr- und ernst zu nehmen, und ihnen beispielsweise die Möglichkeit gegeben wird, sich im Kräftemessen zu erproben, lernen sie, dass Verantwortung für andere und Selbstbehauptung ebenso zusammengehören wie Harmonie und Konflikte.« (Focks 2001; Seite 66)

Eltern können in dem Kindergarten, den Ihre Tochter besucht, dafür sorgen, dass Mädchen und Jungen fair behandelt und unter Ausblendung überkommener Rollenklischees zu alternativem Handeln angeleitet werden – wenn das nicht ohnehin schon der Fall ist. Auf Elternabenden können Mütter, Väter und Erzieherinnen sich mit ihren Vorurteilen auseinander setzen und sich aufmerksam machen auf alltägliche Rollenfestschreibungen. Und Sie haben die Chance, neue Handlungsweisen und Erfahrungsräume im Kindergartenalltag zu verankern.

Theater- und Rollenspiele sind besonders geeignet, um Mädchen und Jungen anzuregen, eine ihrem Naturell entgegengesetzte Rolle zu spielen. Die Kinder sollten dann allerdings mindestens fünf Jahre alt sein. Jüngere Kinder haben ihre Geschlechteridentität eben erst entdeckt und müssen sie erst einmal – mit zum Teil übertriebenem Verhalten – erproben, bevor sie damit experimentieren können.

Ich selbst habe sehr gute Erfahrungen damit gemacht, Bilderbücher und Märchen mit Kindern nachzuspielen. Wenn es dabei vor allem um Rollenerfahrung und nicht um ehrgeizige, mit Stress verbundene Aufführungen geht, können alle viel Spaß dabei haben.

Für einzelne Aktivitäten kann es durchaus sinnvoll sein, Mädchen und Jungen zu trennen und in geschlechtshomogenen Gruppen mit ihnen zu arbeiten. Beim Werkeln mit Holz zum Beispiel wären die Jungen gezwungen, sich gegenseitig zu trösten, wenn sie sich mit dem Hammer wehtun, weil nun kein Mädchen in der Nähe ist, das diese Aufgabe übernehmen könnte. In der Mädchengruppe könnten einzelne sich durch ihr Geschick hervortun und damit anderen Mädchen als Vorbild dienen. Auf diese Weise könnten Mädchen wie Jungen jeweils neue Erfahrungen sammeln.

In dem pädagogischen Konzept des Kindergartens sollten sich klare Aussagen zu den Erziehungszielen und zum Rollenverständnis finden, auf die sie dann als Eltern auch verweisen können, wenn Sie mit den Erzieherinnen Ihrer Tochter über Vorfälle reden, die Ihnen zu Ohren gekommen oder aufgefallen sind.

Spielzeug für Mädchen – alles nur Barbie, oder was?

Marianne Grabrucker berichtet, wie ihre kleine Tochter mit einem Jahr einen Spielzeug-Lkw vom Nikolaus geschenkt bekommt – und sich nicht die Bohne dafür interessiert. Auch nicht, als ihr Vater versucht, ihr das Spielzeug schmackhaft zu machen. Fast jede Mutter von Mädchen hat Ähnliches beobachtet wie ich: Jungenspielzeug ist für die meisten Mädchen nicht interessant. Selbst die vielen bunten Legosteine meiner drei Söhne ließen meine Tochter kalt. Sie verlangte nach Puppen und Pferden!

Deborah Tannen und viele andere Wissenschaftlerinnen haben in Untersuchungen nachgewiesen, dass kleine Mädchen sich anders verhalten als kleine Jungen. Soziale Kontakte bedeuten Mädchen sehr viel, und schon mit drei Jahren haben viele eine »beste Freundin«. Hübsche, aufwändig gekleidete Mädchen werden von ihren Geschlechtsgenossinnen meist bewundert, und einem Mädchen bedeutet es sehr viel, ob es »dazugehört« oder nicht. Erzählt man dreijährigen Mädchen eine Geschichte, in der es um Gefühle geht, zeigen sie ein deutlich ausgeprägtes soziales Gespür. Bei Spielen in der Gruppe versuchen sie Kompromisse auszuhandeln und rücksichtsvoll zu sein, um ihre Freundinnen nicht zu kränken, während Jungen in diesem Alter oft schon miteinander kämpfen, um eine Rangordnung festzulegen. Deborah Tannen hat beste Freundinnen und beste Freunde im Kindergartenalter aufgefordert, mit zwei Stühlen in einen leeren Raum zu gehen und sich dort zu beschäftigen. Während die kleinen Mädchen sich sofort eng beieinander niederließen und miteinander zu reden begannen (wobei sie Blickkontakt hielten), experimentierten die Jungen mit den Stühlen und sahen sich bei ihren spärlichen Unterhaltungen kaum an.

Sobald Mädchen wissen, dass sie später einmal Frauen werden, beschäftigen sie sich mit Kinderkriegen, Babys und Stillen. Ich erinnere mich noch sehr gut, wie meine Söhne mit ungefähr zwei Jahren ihre Puppen an den imaginierten Busen hielten. Als sie wenig später begriffen, dass sie Jungen waren und niemals Kinder bekommen würden, flogen die Puppen promt in die Ecke und wurden nie wieder hervorgeholt.

Der beste Rat zum Thema Spielen: Unterstützen Sie Ihre Tochter in ihren Interessen, und geben Sie ihr vielfältige Anregungen.

Ich möchte jedoch betonen, dass es von diesen »Regeln« immer auch Ausnahmen gibt. Nicht alle Mädchen interessieren sich für Puppen! Sie sollten dann eben mit Bausteinen, Autos oder Kränen spielen dürfen. Es ist auch nicht sinnvoll, Ihre Tochter zu beeinflussen und auf ein bestimmtes Spielzeug zu lenken. Im Gegenteil: Unterstützen Sie Ihre Tochter in ihren Interessen. Geben Sie ihr vielfältige Anregungen. Folgen Sie ihrer Freude, denn das ist die beste Motivation.

Was kleine Mädchen kennen lernen sollten

Was ich im Folgenden aufliste, sind einfache Dinge, die in fast jedem Haushalt vorhanden sind.

Spielzeug für das erste halbe Jahr:

- ungiftige Materialien wie Deckel, unterschiedliche Stoffe, Tücher, Holzobjekte;

- Naturmaterialien wie Zapfen, Steine, Blätter;
- unterschiedliche Formen wie Ringe, Würfel, Becher; aufgefädelte Perlen;
- einfache Klangspiele zum Lauschen wie Spieluhr oder Musikkugel;
- Siebe, Trichter, Wasser.

Spielzeug für den siebten bis zwölften Lebensmonat:

- natürliche Nahrungsmittel wie Mohrrüben, Bananen, Äpfel;
- Bälle;
- unterschiedliche Beläge und Materialien, über die es krabbelt, wie Spiegelfolie, Felle, Decken;
- Schraubverschlüsse (müssen groß genug sein, damit sie nicht in den Mund gesteckt werden können)

Spielzeug ab einem Jahr:

- Wagen zum Schieben und Ziehen
- Kriechtunnel
- Tücher zum Höhlenbauen
- Laufrädchen
- Bälle und Luftballons
- Klangstäbe
- einfache Trommel
- Holzbausteine
- Murmelbahn

Spielzeug ab zwei Jahren:

- Zubehör für Rollenspiele wie Mützen, Taschen, Geldbörsen, Kaufladen
- Puppen, Stofftiere
- Wachsmalstifte und großflächiges Papier
- Handpuppen
- einfache Puzzles

Spielzeug ab drei Jahren:

- Zubehör für Szenarien wie Puppenstube, Bauernhof, Ritterburg;
- Schere
- Tuschkasten, Klebstoff
- Werkbank
- Puppenherd
- Arztkoffer

Was machen wir mit Barbie?

Dieser Frage, die ich von Nicky Marone übernommen habe, sollten wir wirklich nachgehen. Sie schreibt dazu: »Barbie ist mehr als nur eine Puppe: Sie ist die Ikone moderner Weiblichkeit, ein Heiligenbild der wild gewordenen Phantasie der Männer, und sie untergräbt das Selbstbewusstsein vieler junger Mädchen.« (Marone: Starke Mütter …; Seite 158)

Barbie wird seit vierzig Jahren heiß geliebt und millionenfach verkauft, und irgendwann werden auch Sie als Mutter einer Tochter mit einer Barbie-Puppe konfrontiert werden. Es muss ja nicht die von Ihrer Tochter sein! Barbie sieht genauso aus, wie sich nach Auffassung der Marketing-Strategen ein Durchschnittsmann seine Traumfrau vorstellt: blond, langhaarig, vollbusig, langbeinig und schlank. In ihrem weltweiten Bestseller *Warum Männer lügen und Frauen immer Schuhe kaufen* beschreiben Allan und Barbara Pease »die Macht der sexuellen Anziehungskraft der Frau« mit eben diesen Attributen (Pease 2002; Seite 232 f.). Sie schreiben unter anderem: »Die meisten Frauen verstehen unbewusst den Reiz extra langer Beine und lernen als Teenager schnell, wie man sie einsetzt. Oft tragen sie Schuhe mit hohen Absätzen, damit die Beine noch länger wirken ...« (Seite 238) Was machen wir also mit Barbie? Zunächst einmal sollten wir uns wieder mit uns selbst beschäftigen. Hatten Sie eine Barbie-Puppe als Kind? Wie ging es Ihnen damit? Haben Sie den Wunsch, so auszusehen wie Barbie?

Es ist nicht so, dass Frauen nicht wie Barbie aussehen möchten; sie wehren sich nur gegen den Druck, so aussehen zu müssen.

Nicky Marone schreibt: »Ein Teil des Problems ist unsere eigene widersprüchliche Einstellung zu Schönheit. Die meisten von uns würden, wenn sie die Möglichkeit hätten, aussehen wollen wie Claudia Schiffer oder Cindy Crawford. Es ist also nicht so, dass wir nicht gern wie Barbie aussehen möchten; wir wehren uns nur gegen den Druck, so schön aussehen zu müssen.« (Marone: Starke Mütter ...; Seite 159) Überprüfen wir also unser eigenes Schönheitsideal, bevor wir unserer Tochter eine Barbie-Puppe kaufen oder auch nicht. Der Druck auf Frauen, gut auszusehen, ist so groß, dass sich die meisten Frauen diesem Diktum unterwerfen, und natürlich geben wir diesen Druck an unsere Töchter weiter. Wenn Sie Ihrer Tochter die Barbie verweigern, dann erklären Sie ihr, warum. Kaufen Sie ihr eine, ist das kein Weltuntergang.

Erklären Sie ihr, wie Sie selbst zu Barbie stehen und welche Gefühle diese Puppe in Ihnen auslöst. Machen Sie deutlich, weshalb Barbie so merkwürdige Füße hat und was alles man mit hohen Absätzen nicht tun kann. Überzeugen wird das ein kleines Mädchen wahrscheinlich nicht. Was Barbie so attraktiv macht, ist ja die Tatsache, dass sie eine erwachsene Frau ist und kein kleines Mädchen, so wie die anderen Puppen im Kinderzimmer.

Kleine Mädchen halten nach erwachsenen Frauen Ausschau, wollen sich mit ihnen identifizieren. Was spricht dagegen, im gemeinsamen Spiel mit der Tochter Barbie zur Expeditionsleiterin zu befördern, zur Pilotin oder zur Wissenschaftlerin. Auf diese Weise können Sie wenigstens ein wenig Einfluss auf die Erwartungen ihrer Tochter nehmen. Und vielleicht können Sie sogar gängige Klischees in Frage stellen. Was Nicky Marone Barbie auf den Anrufbeantworter spricht, mag uns einige Ideen für dieses Ansinnen liefern:

»Hallo Barbie, hier ist Melissa. Ich habe ein paar Fragen zu diesem Kanutrip durch die Wildwasserschlucht, den du im Sommer leitest. Was brauche ich an Ausrüstung? Brauche ich einen eigenen Helm und eine Rettungweste? Und was sonst noch?« (Marone: Starke Mütter ...; Seite 163) Oder: »Hallo Barbie. Sie kennen mich nicht? Ich bin Dr. Carol McIntyre, Professorin für Umweltforschung an der Stanford University. Vor kurzem habe ich von einer Kollegin erfahren, dass Sie einen neuen Typ von Solarzellen erfunden haben ...« (ebenda)

Als Mütter haben wir zum Glück nicht alles im Griff. Aber unsere Meinung dürfen und sollten wir immer vertreten.

Was machen wir mit Barbie? Entscheiden Sie selbst! Ich hätte meiner Tochter keine Barbie gekauft. Aber die Oma hat es getan. Und wenn die es nicht gemacht hätte, wäre Barbie übers Taschengeld bei uns eingezogen. Ich habe meiner Tochter erklärt, warum ich Barbie nicht mag. Sie hat trotzdem sehr gern damit gespielt. Eines Tages war Barbie out – aber dann mussten auch bald hochhackige Schuhe her. Als Mütter haben wir nicht alles im Griff. Und das ist auch gut so. Aber unsere Meinung dürfen und sollten wir immer vertreten!

Zum Schluss möchte ich Ihnen noch einen Witz erzählen, den ich von Marion habe. Sie hat selbst drei Töchter – eine von ihnen, Lisa, hat ihr den Witz erzählt: Eine Frau kommt ins Geschäft und will eine Barbie-Puppe kaufen. Die Verkäuferin zeigt ihr die verschiedenen Modelle: Das ist die Reit-Barbie, die kostet 24 €. Hier ist die Tennis-Barbie für 22 € und das ist die Hochzeits-Barbie für 26 €. Und hier haben wir Barbie geschieden, die kostet 100 €.«

»Wieso ist die denn so teuer?«, fragt die Frau irritiert.

»Ja – wenn Sie die nehmen, dann bekommen Sie noch Kens Villa, Kens Wohnmobil und Kens Segelboot.«

Warum Bücher wichtig sind

Heutige Kinder haben es gut: Sie kennen neben der eigenen Familie meist noch viele andere Familien, weil sie sich schon im Kindergartenalter mit Freundinnen und Freunden verabreden, bei ihnen spielen oder sogar dort schlafen. Sie brauchen nicht unbedingt Geschwister, denn sie kennen andere Mädchen und andere Jungen und deren Geschwister. Andere Familien, andere Kinder – das alles können Kinder auch mit Hilfe von Büchern kennen lernen. Das Fernsehen ist kein gleichwertiger Ersatz für Bücher. Bilderbücher können in Ruhe betrachtet werden – wieder und wieder, wann immer das Kind Lust dazu hat. Und wenn das Buch nur Text enthält, malt sich das Kind seine eigenen Bilder – im Kopf und auch auf Papier. Beides ist eine schöpferische Leistung. Fernsehen ist das nicht – denn da wird nur passiv konsumiert.

Die ersten Bilderbücher sollten einfach sein und nur einen Gegenstand pro Seite zeigen. Wenn Sie Spaß daran haben, können Sie so ein Bilderbuch auch aus Stoff nähen. Dann kann Ihre Tochter die Bilder gleichzeitig betasten und aktiviert auf diese Weise mehrere Sinne. Als Mutter einer Tochter sollten Sie Bücher wählen, in denen Mädchen vorkommen. Stimmt das Mädchen-/Frauenbild, das in diesen Büchern gezeichnet wird, mit Ihren Vorstellungen überein? Wie hießen die Heldinnen Ihrer Kindheit? Welchen Büchern sind sie entsprungen?

Ich habe als Mädchen alle Kinderbücher von Erich Kästner gelesen, in denen sehr viele starke Mädchen vorkommen. Denken Sie nur an das großartige kleine Mädchen mit der nicht gerade einfühlsamen Mutter in *Pünktchen und Anton.* Oder an *Das doppelte Lottchen,* dem gelingt, was viele Kinder vergeblich erhoffen: die geschiedenen Eltern wieder zusammenzubringen.

Lesen ist eine schöpferische Leistung – fernsehen hingegen nicht, denn dabei wird nur passiv konsumiert.

Ich habe Astrid Lindgrens Bücher geliebt, und sie sind mir bis heute – auch nach zwanzigfachem Vorlesen – nicht langweilig geworden. Da treffen wir *Pippi Langstrumpf,* die stets macht, was sie will. Eine Querdenkerin voller Humor und Phantasie. Und natürlich ist sie stark, stärker als jeder Mann. Erinnern Sie sich an *Die Kinder von Bullerbü?* In diesem Buch hat Astrid Lindgren ihre eigene Kindheit beschrieben. Die Mädchen in Bullerbü tragen zwar Kleider, denn Hosen für Mädchen waren damals nicht üblich, aber sie lassen sich von den Jungen nichts vormachen, nein, eigentlich sind sie ihnen in vielem überlegen und wissen das ganz genau. Zwar ist niemand so erfinderisch und humorvoll wie Lasse (hier hat Astrid Lindgren ihren Bruder beschrieben), aber die Jungen geben nicht ausschließlich den Ton an, und Söhne wie Töchter müssen ihren Eltern bei der Arbeit helfen. Die Kinder in Bullerbü haben gemeinsame Spiele, aber auch solche, die nur die Mädchen spielen und die kein Junge verstehen würde. Alle Mädchen in Astrid Lindgrens Büchern steigen irgendwann einmal aufs Dach – und diese Metapher finde ich sehr aussagekräftig. Denn auf dem Dach ist es herrlich, weil man den notwendigen Überblick hat!

Madita, die Tochter eines sozial engagierten Journalisten, prügelt sich schamlos mit Mia, einem anderen Mädchen und ist ihrem Vater in vielem ähnlich. Ein starkes Mädchen, das weiß, was es will und kann! Gleichzeitig ist sie voller Mitgefühl und setzt sich für andere Menschen ein. Hätte Madita ihre wunderbaren Spiele mit der kleinen Schwester auch erfinden können, wenn sie täglich mehrere Stunden vor dem Fernseher verbracht hätte? Ich glaube nicht.

Bücher beeinflussen uns ein Leben lang. Es ist daher nicht gleichgültig, was Sie Ihrer Tochter vorlesen und was Ihre Tochter später einmal selbst liest. Besuchen Sie doch einmal gemeinsam eine Bücherei – Sie werden interessante Entdeckungen machen.

Märchen

In fast allen alten Märchen spielen Mädchen und Frauen eine bedeutende Rolle. Schon das ist für mich ein Grund, Ihnen diese Geschichten ans Herz zu legen. Märchen sollte man Kindern nicht aufzwingen. Meine Tochter mochte sie zum Beispiel nicht besonders gern und hat erst spät Zugang dazu gefunden. Die Kinder jedoch, die sich von Märchen angezogen fühlen, brauchen sie auch.

Hatten Sie in Ihrer Kindheit ein Lieblingsmärchen?

Ich hatte mehrere – und obwohl ich sie an die hundert Mal gehört und gelesen habe, sind sie mir bis heute immer wieder eine Offenbarung. In Märchen zeigt sich für mich eine uralte Weisheit von zeitloser Gültigkeit.

Nehmen wir nur *Schneewittchen*. In der ursprünglichen Fassung ist es die Mutter, die das Mädchen töten will, nicht die Stiefmutter. Es ist schwer für eine Frau, die eigene Schönheit welken zu sehen, während die eigene Tochter immer schöner wird. Neid vergiftet. Die Erlösung findet in der Abgeschiedenheit der Natur statt, hinter den sieben Bergen, bei den Zwergen, denen das Mädchen dient. Sie können es nicht vor dem Vergiftungstod retten, das fällt dem Prinzen zu. Er stolpert auf unebenen Wegen, und dadurch löst sich das vergiftete Apfelstück. Das Leben geht weiter, und es nimmt, wie immer, ein gutes Ende. Ja – alles wird letztendlich gut, auch wenn wir vorher schreckliche Qualen erleiden müssen oder entsetzlich lange Wege gehen. Ist das nicht eine tröstliche Botschaft, die dieses Märchen für uns hat?

Märchen lehren uns, dass sich alle Probleme lösen lassen, solange man die Herausforderung annimmt, nicht aufgibt und seinen eigenen Weg geht.

In *König Lindwurm* ist es die Tochter des Schäfers, die dem Untier, dem Lindwurm seine menschliche Gestalt wiedergibt. Indem sie sich an den Rat einer weisen Frau hält, rettet sie sich selbst und das ganze Land. Es ist nicht einfach weibliche List, sondern Wissen aus einer viel tieferen Weisheitsquelle.

Dornröschen kann von ihrem Schicksal nicht bewahrt werden. Erst wenn die Zeit reif ist, kann der männliche Erlöser kommen und sie küssen. Alle anderen bleiben in den Dornen hängen. Warum war der König auch so stur, nur zwölf der dreizehn weisen Frauen einzuladen?

Das Mädchen ohne Hände wird von ihrem Vater missbraucht, aus Angst und Not verkauft er sie an den Bösen. Ein Thema, das heute sehr aktuell ist. Auch dieses Mädchen findet seinen Weg und wird durch sein starkes Vertrauen ans Ziel geführt. Ein Engel ist immer an ihrer Seite.

Märchen lehren uns, das nichts unmöglich ist. Sie zeigen uns bildlich, dass schweres Schicksal immer zur Erlösung führt, wenn man sich nicht scheut, seinen Weg zu gehen und den Auftrag anzunehmen. Wer dabei ein offenes, gutes Herz bewahrt, wird in einer Elementarwelt – im tiefen Wald, auf der Heide oder im Gebirge – Zugang zu einer Weisheit finden, die ihn letztlich ans Ziel bringt. Auf diese Weise können wir alle ein Königreich erringen.

Gibt es etwas Besseres, das Sie Ihrer Tochter versprechen könnten?

Wenn Mädchen Prinzessin spielt – Schönheitswahn im Kinderzimmer?

Meine Tochter hatte von klein auf ein ausgeprägtes Interesse an Kleidung. So wie sie sich schon früh selbst an- und ausziehen konnte, hatte sie auch viel Freude am Wechseln ihrer Kleidung, am Verkleiden und Ausprobieren. Und sobald sie irgendwo Nagellack sah, wollte sie welchen haben. Genauso war es mit Schmuck aller Art. Dieses Verhalten überraschte mich umso mehr, als ich auf derlei Dinge keinen Wert lege. Sie kann es nicht bei mir gesehen haben, und sie kannte als Kleinkind auch kein Fernsehen.

Mit vierzehn Jahren trat sie unvermittelt an einem ganz normalen Werktag in ihrem schwarzen Konfirmationskostüm und hochhackigen Schuhen auf mich zu und strahlte: »Mama, ich freue mich schon darauf, täglich solche Klamotten anziehen zu können!«

»Und warum machst du es nicht schon jetzt?«, fragte ich neugierig.

»Jetzt brauche ich das ja noch nicht. Aber wenn ich einen Beruf habe, dann ziehe ich so etwas jeden Tag an!«

Es spricht vieles dafür, dass der weibliche Wunsch, schön zu sein, gesellschaftlich geprägt ist. Frauen haben sich seit Jahrtausenden mit der Herstellung von Textilien beschäftigt, gewebt, gestrickt, gehäkelt, gestickt und so für die Bekleidung der ganzen Sippe gesorgt. Der Wunsch nach einem schön eingerichteten Haus, nach einem schönen Körper, ja, der Drang, aus sich selbst ein Kunstwerk zu machen, ist uralt. Fast jede Mutter hat viel Freude daran, ihr kleines Mädchen mit Kleidern, schönen Schuhen, feinen Strumpfhosen und Schmuck auszustaffieren. Und kleine Jungen leiden oft darunter, dass sie sich nicht schön machen dürfen, weil sie dann als Mädchen verlacht werden oder später gar als »schwul« beschimpft werden.

Das Frauenbild der Medien ist ein Zerrbild der Wirklichkeit, das Sie in jeder Zeitschrift finden. Die weniger schönen Frauen haben dort nur am Rande Platz. Und beruflich erfolgreiche Frauen sind umso interessanter, je schöner sie sind. Dabei ist erwiesen, dass es schöne Menschen auch nicht immer leicht haben. Denn man begegnet ihnen mit überdurchschnittlich hohen Erwartungen: Man hält sie von vornherein für intelligenter, liebevoller und umgänglicher. Dazu kommt, dass viele schöne Frauen glauben, sie würden nur wegen ihrer äußeren Erscheinung und nicht wegen ihrer Leistung geachtet. Das macht unglücklich! Diese Frauen fühlen sich nie wirklich ernst genommen. Sie empfinden ihre Schönheit als Maske, die sie nicht absetzen dürfen – die Last, die damit verbunden ist, führt oft genug in die Selbstzerstörung, sei es durch Alkohol, Drogen oder gar Selbstmord.

Als kleines Mädchen wurde ich ebenfalls mit Kleidern und Schleifen ausstaffiert. In der Pubertät verlor ich jedoch fast jedes Interesse an Äußerlichkeiten – und das ist bis heute so geblieben. Wollte ich mich von meiner älteren, hübschen Schwester abgrenzen? In Familien mit mehreren Mädchen übernimmt jedes eine andere Rolle. Wenn die Rolle »der Schönen« schon vergeben ist, muss das folgende Kind eine andere Rolle spielen. Sie wird vielleicht »die Intelligente« oder »die Nette« oder »die Rebellische«. Vielleicht habe ich auch das Motto meines Vaters, wonach es auf die inneren Werte ankommt, zu sehr verinnerlicht. Oder es liegt einfach daran, dass ich mir eine andere Lebensaufgabe gewählt habe.

Das Frauenbild der Medien ist ein Zerrbild der Wirklichkeit. Frauen, die nicht der Norm entsprechen, sind in diesem Bild weitgehend ausgeblendet.

Nachdem ich seit dreißig Jahren Kinder immer wieder fasziniert beobachte und begleite, scheint mir alles für die These zu sprechen, dass jedes Kind eine Lebensaufgabe mitbringt, die es zu erfüllen sucht. Diese Aufgabe kommt in seinen Interessen zum Ausdruck, in dem, was ihm Freude macht. Diese Freude kommt aus dem Herzen und ist nicht durch äußere Umstände künstlich zu erzeugen.

Ich habe zum Beispiel jahrelang intensiv mit Puppen gespielt und sie wie meine Kinder behandelt. Ein Leben ohne Beschäftigung mit Kindern ist für mich unvorstellbar, selbst wenn ich keine eigenen bekommen hätte.

Für diese Lebensaufgabe wählt sich ein Mensch vorgeburtlich ein bestimmtes Geschlecht – je nachdem, ob er sie als Mann oder Frau besser erfüllen kann.

Das ist meine persönliche Überzeugung.

Im Erwachsenenalter passen sich viele Menschen den vorgegebenen Normen und Bedingungen an. Sie tun dann unter Umständen aufgrund äußerer Zwänge Dinge, die sie eigentlich nicht tun wollen, und verbiegen sich auf diese Weise oder wenden sich von ihrer Lebensaufgabe ab. Wirkliches Glück finden wir nicht im Erreichen äußerer Ziele, sondern in dem Grad, wie wir unsere Lebensaufgabe finden und erfüllen.

Zeitgemäße Erziehung begleitet das Kind, wenn es sich auf die Suche nach einer Lebensaufgabe macht, und hilft ihm, seine Fähigkeiten zu entwickeln.

Gerade kleine Kinder zeigen uns sehr deutlich, in welche Richtung sie tendieren – unabhängig davon, ob sie Mädchen oder Jungen sind.

Das Wort Erziehung ist für mich unpassend geworden. Es geht meiner Meinung nach um *Ent-Wicklung* im buchstäblichen Sinn. Es geht darum, das Kind beim Finden seiner Lebensaufgabe zu begleiten, ihm bei der Entwicklung seiner Fähigkeiten zu helfen.

Um herauszufinden, was unser Kind wirklich braucht, müssen wir es immer wieder achtsam beobachten und ihm Dinge anbieten, es aber nicht in eine Richtung zwingen oder ihm etwas überstülpen. Angela sagt: »Wie kann ich einem kleinen Mädchen zur Geburt eine Kette schenken, wenn ich gar nicht weiß, ob es jemals eine tragen will?«

Haustiere – eine wohltuende Erfahrung

Viele Mädchen wünschen sich nichts sehnlicher als ein Haustier! (Um es gleich vorweg zu sagen: Ich finde, auch Jungen sollten Tiere anvertraut bekommen und lernen, sie zu umsorgen.) Nun möchte ich Sie keineswegs überreden, ein Haustier anzuschaffen, wenn Sie keines haben wollen. Darunter würde dann nur das Tier leiden! Ich kann Ihnen jedoch versichern, dass Tiere das Leben ungemein bereichern können, wenn die Familie bereit ist, sich ihrer anzunehmen.

Wünscht sich Ihre Tochter sehnlichst ein Tier, sollten Sie wissen, dass sie frühestens ab acht Jahren allein verantwortlich dafür sorgen kann. Ist sie jünger, werden Sie ihr helfen und sie auch immer wieder ermahnen müssen.

Falls Sie sich gegen ein Tier entscheiden, können Sie vielleicht in der Schule Ihrer Tochter für Tierhaltung plädieren. In Berlin habe ich mehrere solcher Schulen kennen gelernt (siehe Literaturhinweise: Gisela Preuschoff 1995). In der Pause stürmten fast alle Mädchen zu ihren Kaninchen, Meerschweinchen und sogar Pferden – während die Jungen Fußball spielten. Der positive Nebeneffekt: Aggression und Gewalt gab es an diesen Schulen kaum!

Nachmittags waren viele Eltern auf dem Schulgelände und genossen das Zusammensein während der Tierpflege. An der Gesamtschule in Wolfsburg hält mein Bruder, der dort Lehrer ist, Pflanzen, Mäuse, Fische und andere Tiere. Sie werden von einer Arbeitsgemeinschaft betreut – ihr gehören weit mehr Mädchen als Jungen an!

Wer lernt, die Veranwortung für ein Tier zu übernehmen, wird auch später ein eigenes Kind verantwortlich versorgen. Denn indem wir Tiere beobachten, erwerben wir Einfühlungsvermögen.

Tiere geben uns auch viel zurück: Sie weisen uns nicht ab, wie es Menschen manchmal tun, und sie lieben uns bedingungslos. Diese Erfahrung kann gerade für Mädchen besonders wichtig sein.

Mädchen und Pferde – eine innige Beziehung

Während im Kindergarten und im frühen Schulalter Jungen und Mädchen sich gleichermaßen zu Pferden und anderen Tieren hingezogen fühlen, beginnt in der Vorpubertät bei vielen Mädchen eine regelrechte Pferde-Manie. Spielzeughersteller haben zahlreiche Variationen geschaffen, die Mädchen auch fürs Erste zufrieden stellen. Hier können sie auf symbolischer Ebene mit Pferden agieren und all das im Spiel ausdrücken, was sie bewegt, ängstigt und beschäftigt. Zwischen ihrem sechsten und dreizehnten Lebensjahr hat meine Tochter mit einer Freundin oft zehn Stunden und länger mit Pferdefiguren gespielt, nur von Essenspausen unterbrochen. In anderen ähnlich intensiven Spielen schlüpfte sie selbst in die Rolle des Pferdes.

Langfristig jedoch geht es um echte Pferde. Obwohl im Spitzenreitsport weitgehend Männer dominieren, tummeln sich in normalen Reitställen und Voltigiervereinen hauptsächlich Mädchen – und Frauen. Wie kommt es, dass Pferde eine so große Anziehungskraft auf unsere Töchter ausüben?

Aus Geschichte und Mythologie ist überliefert, dass das Pferd seit jeher ein Begleiter der Menschen war. Neben dem Hund gibt es kein Tier, das dem Menschen so vielseitig gedient hat und bis heute dient. Niemand hätte erwartet, dass Pferde, nachdem sie in den fünfziger Jahren nach und nach aus der Landwirtschaft verschwanden, wieder so zahlreich gehalten und gezüchtet werden. Das Pferd ist ein archetypisches Symbol, mit dem der Mensch auf einzigartige Weise kommunizieren kann. In letzter Zeit wurden Reitstile entwickelt, die sich nicht mehr an militärischen Anforderungen orientieren, sondern der mentalen Kommunikation, dem innigen Kontakt und dem Vertrauen große Bedeutung beimessen. »Pferdeflüsterer« erfreuen sich großer Beliebtheit und Popularität.

Das geflügelte Pferd überwindet Raum und Zeit und hält Kontakt zu den Göttern. Haben wir Frauen deshalb so eine besondere Beziehung zu ihnen? Einhörner sind bildschön und märchenhaft.

Ein Mythos von besonderer Bedeutung kommt in den Kentauren zum Ausdruck. Sie haben einen Pferdekörper, Kopf und Brust sind jedoch menschlich. Dies könnte als Symbiose des triebhaft Tierischen mit dem abgeklärt Vernünftigen gedeutet werden.

Dörte Stolle, Fachärztin für Kinder- und Jugendpsychiatrie, hält das Pferd in besonderem Maß geeignet, Sehnsüchte und Ängste von Mädchen zu symbolisieren und zu transportieren. Mädchen lassen sich von Pferden begleiten, trösten, tragen und ermutigen.

Aus welchen Gründen auch immer – viele Mädchen lieben Pferde, und es tut ihnen gut, mit diesen Tieren Kontakt zu knüpfen. Wer den erfolgreichen Umgang mit einem Pferd lernt, gewinnt an Selbstvertrauen, denn ein Pferd ist immer stärker als der Mensch, lässt sich aber dennoch von ihm führen und lenken. »Als Beziehungspartner ist das Pferd anspruchslos und unbelastet. Mit ihm probieren und üben sie: Was passt zu mir? Was will ich sein? Das Pferd, *ihr* Pferd vermittelt, dass Kompromisse auch ohne Verlust an Würde machbar sind und Anpassung nicht

Pferde symbolisieren in besonderer Weise die Sehnsüchte und Ängste von Mädchen.

Unterordnung bedeutet. Eigenschaften, die zunächst wie Gegensätze aussehen –, Größe, Kraft, Schnelligkeit versus Unterordnung und Gehorsam – kann dieser starke Freund miteinander verbinden und ermutigt die junge Reiterin damit, es auch selbst zu versuchen. Mädchen erleben, dass Verhaltensweisen wie Einfühlen, Behutsamkeit und deren Gegensätze wie Durchsetzen, Macht-Ausüben auf dem Pferd miteinander möglich sind.« (Stolle 2002; Seite 146)

Pferde stärken die Willens- und Durchsetzungskraft von Mädchen – denn sie müssen sich ihnen gegenüber immer behaupten, gleichzeitig jedoch auch Verantwortung übernehmen und sich an Regeln halten. Der Umgang mit Pferden verbessert zudem die Körperwahrnehmung und fördert den Koordinations- und Gleichgewichtssinn. »Das Pferd scheint geeignet, Mädchen in vieler Hinsicht den Takt zu vermitteln, den sie für den Übergang ins Erwachsenenleben benötigen. Beim Reiten und Pflegen dieses symbolhaften Tieres erleben sie Schutz und Geborgenheit, aber auch Autonomie und Macht.« (Stolle 2002; Seite 146) Kurzum: Wenn Sie Ihrer Tochter den Umgang mit Pferden ermöglichen können, tun Sie ihr etwas ausgesprochen Gutes.

Der Umgang mit Pferden stärkt die Willens- und Durchsetzungskraft von Mädchen.

Schon vierjährige Mädchen finden Aufnahme in Voltigiergruppen und gewinnen im Lauf der Zeit eine solche Sicherheit, das ihnen später das Reiten und selbstständige Führen eines Pferdes leicht fällt. Erkundigen Sie sich nach einem Reitverein in Ihrer Nähe. Dort werden in der Regel auch Voltigiergruppen angeboten. Dieser Gruppensport ist im Übrigen auch preigünstiger als das Reiten im Verein. Als Helferinnen sind Mädchen in fast allen Reitställen immer willkommen.

Warnen möchte ich davor, Mädchen zu früh allein in Reiterferien zu schicken, wenn sie den Hof nicht schon gut ken-

nen. Manchmal kommt es dort zu Erlebnissen, die sie allein schwer verkraften, zum Beispiel Nachtwanderungen, die Angst einjagen, Unfälle mit Pferden oder der Zwang, etwas zu tun, was das Kind nicht mag. Für Mädchen ab zehn können solche Ferien (nach vorhergehender Information und eigener Anschauung des betreffenden Reiterhofes) unvergesslich schöne Erlebnisse sein.

Für Kinder mit einem Handicap ist therapeutisches Reiten oft eine große Wohltat. Selbst schwer Behinderte lockern sich auf dem warmen Pferd und haben viel Freude an der Bewegung und am Zusammensein mit dem Tier. Verhaltensauffällige oder entwicklungsverzögerte Kinder lernen im Umgang mit dem Pferd, sich an Regeln zu halten und verantwortlich zu handeln.

Wenn Sie auf dem Land leben, haben Sie vielleicht schon an ein eigenes Pferd gedacht. Die Haltung von Robustpferden wie Isländer, Norweger oder Haflinger ist auf dem Land nicht teuer, wenn man die Möglichkeit hat, sie gemeinsam mit anderen in einem Offenstall zu halten. Weil Mädchen sich nach der Pubertät häufig eher für Jungen als für Pferde interessieren, gibt es oft Ponys, die verschenkt oder günstig abgegeben werden. Die Kosten für Hufpflege, Tierarzt und Fütterung im Winter sind jedoch auch zu berücksichtigen. Oft ist ein Pflegepferd oder eine Reitbeteiligung die geeignetere Lösung.

Schule auf dem Prüfstand:

Wie lernen Mädchen?

Kommen Mädchen in der Schule zu kurz?

Wenn Mädchen in die Schule kommen, sind sie den gleichaltrigen Jungen oft um vieles voraus. Sie passen sich leichter an, lernen schneller lesen und schreiben und machen im Ganzen weniger Probleme. Soweit die Statistik. Diese Zahlen verschweigen jedoch auch eine ganze Menge:

Mädchen, die – aus welchen Gründen auch immer – nicht so schnell lesen und schreiben lernen, fallen besonders auf und laufen Gefahr, aus der Gruppe ausgeschlossen zu werden. Dies ist für Mädchen besonders schlimm, weil ihnen Gemeinschaft in der Regel sehr viel bedeutet.

Mädchen lernen anders als Jungen – und das wird in der Schule von heute noch zu wenig berücksichtigt. An einigen Schulen hat man allerdings versucht, Mädchen und Jungen in den naturwissenschaftlichen und technischen Fächern getrennt zu unterrichten. Die Mädchen lernen dann zwar entspannter, aber hinterher fällt es ihnen umso schwerer, sich durchzusetzen und zu konkurrieren.

So konnte sich diese Art des Unterrichtens bisher nicht durchsetzen – schließlich wurde die Koedukation in Deutschland ja erst in den sechziger Jahren eingeführt, und reine Mädchenschulen sind hierzulande selten geworden bzw. es gibt sie in der Regel nur als weiterführende oder auch als Privatschulen.

In den USA hingegen sind Jungen- bzw. Mädchenschulen nichts Außergewöhnliches, einige Universitäten verfügen sogar über Fakultäten, an denen nur Frauen studieren. Deren Absolventinnen sind überaus erfolgreich – wie die Rechtsanwältin Hillary Clinton, die solch eine Universität besucht hat. Hätte sie an ei-

ner herkömmlichen Universität die gleichen Bedingungen vorgefunden und sich ebenso entwickelt?
Ziel der schulischen Ausbildung müsste es sein, die persönlichen Erfahrungen von Jungen und Mädchen stärker zu berücksichtigen, das heißt die Lebensgeschichte und die persönlichen Interessen des einzelnen Kindes stärker einzubeziehen. Zu diesem Schluss kommen die Autoren des Buches *Mädchen lernen anders* (siehe Richter & Brügelmann 1984).

Die beiden Schulen in Deutschland, die bei PISA am besten abschnitten haben, sind die Laborschule in Bielefeld und die Helene-Lange-Schule in Wiesbaden. Letztere hat sogar bessere Ergebnisse vorzuweisen als die »Sieger« Finnland, Kanada und Südkorea.

Die Helene-Lange-Schule ist eine Ganztagsschule, in der jede Klasse von zwei Klassenlehrern geleitet wird – einem Mann und einer Frau. Es gibt dort weniger herkömmlichen Unterricht, dafür feste Sozial- und Betriebspraktika. Die Schule kooperiert mit einem Altersheim, einem Kindergarten und einem Krankenhaus in Sachsen und unterstützt Projekte in Nepal. Die Klassen sind klein, Projektunterricht hat seinen festen Platz im Unterrichtsangebot, Selbstverantwortung und offener Unterricht werden groß geschrieben. Bekannt sind die Theaterprojekte, die das ganze Schuljahr durchziehen und großen Anklang finden. Die Lehrer dieser Schule verstehen sich eher als »Trainer« denn als »Belehrende« und bilden sich mit hohem Engagement regelmäßig fort.

Mädchen lernen anders als Jungen – doch an den Schulen ist diese Erkenntnis noch nicht angekommen.

Wenn wir über die Situation von Mädchen in der Schule nachdenken, sollten wir meiner Meinung nach die Helene-Lange-Schule zum Modell erklären – und das nicht nur, weil sich Helene Lange, geboren 1848 in Oldenburg und gestorben 1930 in Berlin, entschieden für die Bildung von Mädchen engagiert hat.

Bei mathematischen Standardtests schneiden Mädchen in der Regel schlechter ab als Jungen. Warum das so ist, ist umstritten. Während die einen an den hormonell bedingten Unterschied im Gehirn glauben, meinen andere, dass Mädchen in Elternhaus und Schule anders als Jungen behandelt werden und deshalb schlechter abschneiden. »Eine Analyse von Testergebnissen aus zweiunddreißig Jahren ergab, dass Jungen bei den 10 Prozent Bestleistungen die Mädchen im Verhältnis 3:1 übertrafen. Dieses Muster zeichnet sich auch in anderen Ländern ab.

In den Jahren 1995 und 1996 wurde der Leistungstest *The Third International Mathematics and Science Study* an einer halben Million Schüler und Schülerinnen der vierten, achten und zwölften Jahrgangsstufe in einundzwanzig Ländern durchgeführt. In den Testbereichen Mathematik und Naturwissenschaften erzielten mit Ausnahme von Südafrika in allen Ländern die Jungen bessere Ergebnisse als die Mädchen, mit zunehmendem Alter wurde dieser Unterschied immer größer.« (Gilbert 2001; Seite 184) Obwohl die Unterschiede innerhalb der Gruppe der Mädchen und innerhalb der Gruppe der Jungen größer sind als die Unterschiede zwischen Jungen und Mädchen, scheinen die Testergebnisse doch zu belegen, dass Jungen in diesen Bereichen deutlich besser abschneiden als Mädchen.

Untersucht man jedoch die Ergebnisse genauer, wie Susan Gilbert das tat, wird deutlich, dass diese Unterschiede lediglich für weiße Schüler gelten, nicht jedoch für Afroamerikaner. Außerdem hat sie festgestellt, dass Mädchen in den Grundrechenarten besser abschneiden als Jungen und sie auch die besseren Noten in Mathematik haben. Vermutlich, weil sie sich einfach besser betragen.

Es scheint, als glaubten sogar die Mädchen selbst, sie seien mathematisch weniger begabt als Jungen.

Entscheidend scheint jedoch zu sein, dass viele Eltern glauben, Mädchen seien für Mathematik weniger begabt als Jungen. Und das Wichtigste: Es scheint, als glaubten das auch die Mädchen selbst.

Bereits zu Beginn der Pubertät schwindet bei Mädchen das Interesse an dem Fach Mathematik, und das ist deshalb von Nachteil, weil Mathematik die Basis für viele Studienfächer bildet. Aber sollten Mädchen diese Fächer unbedingt studieren – zahlt es sich für sie aus? Offensichtlich nicht in jedem Fall, so Susan Gilbert. Denn mit ihrer Abneigung gegen mathematische Fächer reagieren angeblich viele Mädchen auf die Vorurteile ihrer Altersgenossinnen: Wer gut in Mathe ist, ist für Jungen unattraktiv – so die amerikanische Autorin. Ich glaube jedoch nicht, dass dieses Ergebnis sich so einfach auf deutsche Schülerinnen übertragen lässt. Als ich meine fünfzehnjährige Tochter danach befragte, lächelte sie und meinte, dass die meisten Jungen sicherlich lieber eine intelligente Freundin hätten. Doch auch in ihrer Klasse sind die Mathe-Koryphäen allesamt Jungen. Ist das so schlimm?

Mädchen nehmen Schwierigkeiten eher hin, statt die eigenen Fehler als Herausforderung zu betrachten und alles daran zu setzen, es besser zu machen.

In einer breit angelegten Untersuchung der Universität Michigan wurden in den achtziger Jahren Tausende von Kindern untersucht, um herauszufinden, wo die Wurzeln für die Geschlechterunterschiede im Interesse für das Fach Mathematik liegen und wie die Leistungen zustande kommen. Sie befragte sowohl Eltern als auch Kinder. Während in der Grundschule die mathematischen Kompetenzen der Kinder von den Eltern noch realtiv gleich beurteilt wurden, ergaben sich ab der 6. Jahr-

Haben sie gute Noten, werden Mädchen eher für ihren Fleiß statt für ihre geistige Leistung gelobt.

gangsstufe deutliche Unterschiede. Die Eltern, die meinten, Mathematik falle besonders Mädchen schwer, unterschätzten die Leistungen ihrer Töchter. Und Eltern, deren Töchter gute Noten mit nach Hause brachten, erklärten dies damit, dass ihre Tochter sich sehr dafür anstrenge.

Brütete das Mädchen zu Hause über der Aufgabe, bedauerten die Eltern ihre Tochter statt sie zu ermuntern. Bei guten Noten wurden Mädchen weniger für ihre mathematischen Fähigkeiten, sondern eher für ihren Fleiß gelobt. Auf diese Weise erfüllen sich Prophezeiungen von selbst …

Die Zweifel an den mathematischen Fähigkeiten der Mädchen kamen aber auch aus den eigenen Reihen. Gerade deshalb sollten Eltern ihre Töchter ermuntern. Die Wissenschaftlerinnen wiesen Eltern darauf hin, ihren Töchtern klarzumachen, dass Mathematik eben je nach Themengebiet manchmal schwer und manchmal leicht falle, dass sich die Anstrengung jedoch durchaus lohne.

Geary untersuchte, wie Jungen und Mädchen bei der Lösung von Aufgaben vorgehen und fand heraus, dass Jungen die Aufgaben bildlich darstellen oder imaginieren. Er empfahl daher Eltern und Lehrerinnen, sprachlich formulierte Aufgaben grafisch darstellen zu lassen und hatte damit Erfolg.

Ich glaube, dass der Mathematikunterricht auch vielfach einfach schlecht ist und Mädchen deshalb versagen. Meine Freundin hat mir einmal das Mathematik-Material von Maria Montessori gezeigt: Es ist äußerst ästhetisch, sehr anschaulich, sinnlich erfahrbar und einfach. Nach ersten Erklärungen können die Kinde selbstständig damit arbeiten und vieles selbst entdecken. Das ist wunderbar! Ich bin sicher, wäre ich mit diesem Material unterrichtet worden, hätte ich Mathe auch begriffen!

In koedukativen Schulen fühlen sich Mädchen eher abgewertet und verlieren dadurch die Lust am Lernen.

Allen Diskussionen zum Trotz ist generell festzustellen, dass Mädchen die Lücken im Fach Mathematik schließen. Die Kluft zwischen Jungen und Mädchen wird enger, die Vorurteile geringer. Immer wieder wird bestätigt, dass Mädchen bessere Schulnoten und Schulabschlüsse haben als Jungen.

An die Diskussion über das Verhältnis von Mädchen zu Naturwissenschaften und Technik schließt sich die Frage an, weshalb Mädchen so selten technische oder mathematische Berufe ergreifen, selbst dann, wenn diese Schulfächer zu ihren Stärken gehören?

Untersuchungen haben ergeben, dass sich Mädchen in koedukativen Schulen durch das Verhalten von Mitschülern und Lehrern abgewertet fühlen und dadurch die Lust verlieren. Hinzu kommt, dass die Erwartungshaltung der Gesellschaft sich auch in der Berufswahl niederschlägt. Von Mädchen erwartet man immer noch, dass sie typisch weibliche Berufe ergreifen. Viele Mädchen trauen sich deshalb auch nicht, in die typischen Männerdomänen wie Maschinenbau oder Elektrotechnik einzubrechen.

Es ist eine Binsenweisheit, dass Frauen wesentlich seltener als Männer in Führungspositionen gelangen. Selbst dann nicht, wenn es sich um typische Frauenberufe handelt. Als ich dieses Thema kürzlich mit einer Sozialwissenschaftlerin besprach, meinte sie: »Ja – aber wir Frauen wollen das auch gar nicht.« Sie selbst – allein lebend und kinderlos – hatte mehrfach führende Positionen abgelehnt, weil sie die Verantwortung, die damit verbunden war, nicht tragen wollte. Frauen haben offenbar weniger Lust auf Macht und Verantwortung – auch wenn sie keine Kinder haben. Andererseits gibt

Nach wie vor wird in einigen Schulen das Selbstwertgefühl der Kinder mit Füßen getreten – es ist Ihre Pflicht, dagegen anzugehen.

es sicherlich auch viele Beispiele dafür, wie Frauen versuchen, sich in der Männerwelt durchzukämpfen und immer wieder an Grenzen stoßen. Man spricht in diesem Zusammenhang von der so genannten »gläsernen Decke«: Formal ist der Aufstieg von Frauen zwar möglich, Frauen jedoch, die das Wagnis eingehen, stoßen früher oder später an die besagte »gläserne Decke« und kommen einfach nicht weiter – in der Regel ohne zu wissen, weshalb.

Was bedeutet das alles für die Schulbildung Ihrer Tochter?

Wählen Sie für Ihre Tochter eine Schule, in der sie bestmögliche Bedingungen vorfindet und möglichst viel Freude am Lernen hat.

Leider wird in einigen Schulen das Selbstwertgefühl der Kinder wenig gefördert, ja, manchmal sogar mit Füßen getreten. Es ist sehr schwer, dagegen anzugehen – aber wir stehen in der Pflicht!

Gerade wenn Ihre Tochter schlechte Zensuren schreibt oder anderweitig Probleme in der Schule bekommt, müssen Sie zu ihr halten und ihr zeigen, dass Sie sie unabhängig von diesen Schwierigkeiten lieben.

Margot Käßmann schreibt, dass ihre Kinder häufig als »zu zurückhaltend« beurteilt wurden. Andere sind »zu lebhaft«. Was heißt das denn? Ist für solche Kinder kein Platz?

Unterstützen Sie Ihre Tochter in Ihren Interessen, und helfen Sie ihr bei Ungerechtigkeiten und Schwierigkeiten, reden Sie mit den LehrerInnen, und sorgen Sie bei Bedarf auch für vorübergehenden Nachhilfeunterricht.

Und beobachten Sie Ihre Tochter mit größtmöglicher Achtsamkeit, damit Sie gemeinsam herausfinden, für welche Aufgaben sie besondere Fähigkeiten mitbringt und worin man sie unterstützen muss.

Die Feen-Übung – eine Phantasiereise für die Schulzeit

Mach es dir ganz bequem, und achte auf deinen Atem, wie er kommt und geht, ganz von allein ... Und dann stell dir vor, dass du durch einen schönen Wald wanderst ... Du siehst dich um und erblickst einen besonders schönen Baum ... Hier willst du ein wenig verweilen ... Es ist ein so schöner und friedlicher Platz ... Auf einmal spürst du die Anwesenheit einer gütigen Fee ... Es ist eine weise, liebevolle, wunderbare Frau, die von einem Ort kommt, an dem alles möglich ist ... Sie möchte dir etwas beibringen, etwas, was du lernen willst ... Und jetzt macht sie es dir vor ... Und du hast alle Zeit der Welt, alle Zeit, die du brauchst, um genau zuzuschauen oder zuzuhören ... (lange Pause) ... Und nun bedankst du dich, und verabschiedest dich in der Gewissheit, dass du jederzeit wieder an diesen Ort zurückkehren kannst ... immer, wenn dir die Fee etwas beibringen soll, kannst du zu diesem Baum kommen ... Und während du dir alles gut merkst, gehst du den Weg zurück durch den Wald ... Und kommst wieder hierher, bewegst deine Hände und Füße und bist wieder ganz hier, erfrischt und wach ...

Wie Eltern ihre Tochter fördern können

Eltern haben viele Möglichkeiten, ihre Tochter von klein auf zu fördern, so dass sie in der Schule erfolgreich ist und einen Beruf wählen kann, der ihren Neigungen entspricht. Die folgenden Anregungen können hierbei unterstützend wirken:

- Fördern Sie das räumlich-visuelle Vorstellungsvermögen Ihrer Tochter. Räumlich-visuelle Fähigkeiten werden vor allem durch Übung und Erfahrung mit entsprechendem Spielzeug entwickelt. Lassen Sie also Ihre Tochter mit Holzbausteinen und Lego bauen. Auch sportliche Aktivitäten helfen, die räumlich-visuelle Fähigkeiten auszubilden.

- Lassen Sie sich in einer Montessori-Schule das Mathematik-Material zeigen.

- Ermuntern Sie Ihre Tochter, nicht aufzugeben, sondern an der Problemlösung zu arbeiten. Hilfreiche Sätze sind dabei: »Vielleicht hast du noch nicht den richtigen Zugang gefunden. Lass es uns gemeinsam versuchen.« Oder: »Wenn es dir jetzt nicht gelingt, kannst du es später noch einmal anschauen. Oft hat man dann eine bessere Idee.«

- Fördern Sie die mathematischen Fähigkeiten Ihrer Tochter, indem Sie im Alltag mathematische Fragen ansprechen: »Wir sind fünf in der Familie. Aber Lukas ist bei seinem Freund, und Papa kommt heute später. Wie viele Teller müssen wir decken?« Wenn Sie gemeinsam kochen oder backen, müssen oft Rezepte verdoppelt oder halbiert werden. Beteiligen Sie Ihre Tochter daran.

- Beteiligen Sie Ihre Tochter als Vater an typischen »Männeraufgaben« und lassen Sie sie – so weit wie möglich – an Ihrer beruflichen Arbeit Anteil nehmen.

- Lehren Sie Ihre Tochter den Umgang mit Geld, und beteiligen Sie sie an alltäglichen Geld-Rechenaufgaben.

- Beteiligen Sie Ihre Tochter am Einrichten des Zimmers und am Renovieren. Denn auch hierfür sind Messungen und Berechnungen notwendig.

- Vermitteln Sie ihr Spaß an Mathematik und Naturwissenschaften durch Experimentierkästen, Lupen und Mikroskope, Fernrohre usw.

Wenn aus Mädchen Frauen werden

Was bedeutet Pubertät?

Die Pubertät und die damit verbundenen Entwicklungsschritte sind für alle Kinder und ihre Eltern eine große Herausforderung. Während Mädchen sich mit neun oder zehn oft stark und wertvoll fühlen, sind sie mit dreizehn, vierzehn oder fünfzehn oft verwirrt, aufgewühlt und unsicher. Das hat allerdings meist weniger mit ihren Eltern zu tun als mit den Rollenerwartungen, denen sie gegenüberstehen. Als ich meine Tochter danach befrage, was Mädchen so unsicher macht, erwähnte sie als Erstes die Zeitschriften, die Mädchen dieses Alters mehr oder weniger regelmäßig lesen: »Darin wird dann gezeigt, wie man sich schminken und anziehen soll. Und wenn man dann doch nicht so gut aussieht, ist man enttäuscht.«

Die auftretenden Probleme lassen sich nicht immer gemeinsam mit den Eltern lösen. Oft sind Freundinnen, beliebte Lehrerinnen oder Paten in diesem Alter die geeigneteren Helfer. Sich am Ende dennoch in Liebe von den Eltern zu trennen, gehört zu den wichtigsten Schritten im Leben eines jeden Menschen. Gelingt diese wechselseitige Ablösung nicht, bleibt eine lebenslängliche Abhängigkeit bestehen, wir reden dann meist von »Muttersöhnen«. Es gibt jedoch auch »Vatertöchter«, wie ich von Verena Kast lernte. Diese Mädchen können sich nicht vom Vater lösen und leben in Abhängigkeit von ihm, statt ihr Ich zu stärken und eine eigene Persönlichkeit zu entwickeln. (Kast 2002; Seite 169 f.)

Doch was bedeutet Pubertät – und was spielt sich in dieser Lebensphase ab?

Das Wort Pubertät kommt vom Lateinischen *pubertas* – die Geschlechtsreife, früher auch Mannbarkeit genannt. Vom Wortstamm her ist der Begriff mit dem Lateinischen *pubes*, zu deutsch Schamhaar, verwandt. Bevor das jedoch zu sprießen beginnt, kommt es im Körper des Mädchens, manchmal schon mit acht oder neun Jahren, zu einer vermehrten Ausschüttung des Hormons Östrogen. Woher weiß der Körper, dass »es« so weit ist? Oder: Warum kommen einige Mädchen früher in der Pubertät als andere? Das Körpergewicht spielt dabei eine große Rolle. Ungefähr 38 bis 43 Kilogramm signalisieren der hormonellen Steuerzentrale, dass es Zeit wird, die Entwicklung zur Frau einzuleiten.

Während der Pubertät stellen sich Jugendliche wichtige Fragen: Wer bin ich? Wie möchte ich sein? Wie sehen mich die anderen?

Hormone wirken ähnlich wie Hefe oder Backpulver. Sie treiben Prozesse an, bringen uns auf Trab. Sie helfen uns, bestimmte Verhaltensweisen leichter und lustvoller auszuführen – zum Beispiel das Stillen, das durch das Hormon Prolactin erleichtert wird. Hormone zwingen uns aber zu nicht zu bestimmten Verhaltensweisen!

Steroidhormone bewirken das Wachstum des Gehirns in der Pubertät, sie fördern das Denken, Fragen und Suchen. Östrogen regt den Körper an, sich zu runden und zu entwickeln, Lust und Verlangen mit voller Kraft zu spüren, Befriedigung zu suchen.

Auf der Suche nach ihrer persönlichen Identität stellen sich Mädchen wie Jungen wichtige Fragen: Wer bin ich? Wie möchte ich sein? Wie sehen mich die anderen?

Dabei stoßen Mädchen in der Pubertät immer wieder an die Grenzen kulturell definierter Weiblichkeit. Sie werden ständig aufgefordert, auf die Erwartungen anderer zu achten und ihnen nach Möglichkeit zu genügen. »Mit Eigenschaften wie Gefälligkeit, Anpassung, Zurückhaltung entsprechen sie den sozialen Erwartungen. Sie müssen sich fragen, wie sie sich selbst entwickeln können, ihr ›unverwechselbares Ich‹ erreichen, wenn sie nicht nur liebenswert und angepasst sind, sondern auch im Wechselspiel der Kräfte mit anderen Menschen gemeinsam arbeiten, handeln und in der Welt etwas bewirken.« (Stolle 2002; Seite 144)

Gerade in der Pubertät zweifeln bis dahin selbstbewusste Mädchen an ihren Fähigkeiten und stellen sich in Frage. Sie nehmen wahr, dass es schwierig ist, eine typisch gute Frau zu sein und gleichzeitig dem Leistungsdruck und Wettbewerb standzuhalten. Gängige Schönheitsvorstellungen vermitteln in den Medien täglich, wie eine attraktive Frau auszusehen hat. Das macht es unsicheren Mädchen schwer, mit ihrem Körper zufrieden zu sein. Die achtzehnjährige Elke schreibt über sich: »Manchmal will ich so werden wie Rosa Luxemburg oder die Päpstin, das ist eine sehr mutige Frau aus einem Buch, das im Mittelalter spielt. Die beiden Frauen fanden auch bei Gefahr ihren Weg. Manchmal denke ich aber erst mal darüber nach, was andere von mir wollen, z.B. Jungen oder Männer. Da weiß ich genau, ich muss warmherzig sein, bescheiden, hingebungsvoll, weich und anpassungsfähig, attraktiv, sowohl schlank als auch rund, ein Schmollmündchen haben, schöne Hände, wenig Muskeln – ja so hätten sie es gern, glaube ich. Weil ich das weiß, spiele ich das auch gelegentlich, ich setze das ein.« (zitiert nach: Stolle 2002; Seite 145)

Heranwachsende Mädchen haben es schwer, sich in dem Dschungel unterschiedlicher Lebensentwürfe, die heute möglich sind, zurechtzufinden.

Die Adoleszenz ist die »Wetterecke«, der Umschlagplatz für die psychische, soziale und biologische Entwicklung. Einerseits erleben die Mädchen von heute traditionelle Rollenzuweisungen, gleichzeitig aber auch unkonventionelle, flexible Lebensvorstellungen. Popstars erscheinen wie Sterne am Himmel und verdienen Millionen, während die eigene Mutter es vielleicht nicht einmal schafft, einen Urlaub zu finanzieren, obwohl sie täglich acht Stunden arbeiten geht. Sich in diesem Dschungel an Möglichkeiten zurechtzufinden, ist schwer! Amerikanische Wissenschaftler sprechen sich für ein Mentorenprinzip aus, bei dem erfahrene Bezugspersonen von außerhalb ihr Wissen an die Heranwachsenden weitergeben. Solche Mentoren können Reit- oder Klavierlehrerinnen sein, befreundete Nachbarn, Trainerinnen oder die eigenen Großmütter und Paten. Sie können als Vermittler wirken und das Hauptfeld der Auseinandersetzungen, die Familie, entlasten.

Während der Pubertät ist die Geborgenheit in einer Gruppe gleichaltriger Mädchen von großer Bedeutung. Angeleitete Mädchengruppen in Schule oder Gemeinde können helfen, sich untereinander auszutauschen und gegenseitig zu unterstützen. Unter Gleichaltrigen prägt sich ein Wir-Gefühl, hier experimentieren heranwachsende Mädchen gemeinsam mit Frisuren, Kleidung und Make-up. Telefongespräche und viele gemeinsam verbrachte Stunden helfen, sich selbst zu finden und soziale Kompetenzen einzuüben. Intensive Freundschaften ermöglichen, mit eigenen Schwächen zurechtzukommen, das Neinsagen einzuüben, eine einfühlsame Gesprächspartnerin zu werden, Respekt zu erleben und Anerkennung zu erfahren. Auch Peergroups können Mentorenfunktionen übernehmen, weil dort Erfahrungen ausgetauscht und vermittelt werden. In dieser Lebensphase ist es oft leichter, von Gleichaltrigen statt von Erwachsenen zu lernen.

Der weibliche Zyklus

Mit der Pubertät tritt das Mädchen in den weiblichen Zyklus ein – und das ist weit mehr als »seine Tage« zu bekommen. Die vier Phasen dieses Kreislaufes haben jeweils eigene »Farben«, die ich auch gern mit Jahreszeiten vergleiche. Sie sind oft mit bestimmten, wiederkehrenden Zuständen verbunden. Wie wir uns fühlen, hat mit unserer Umwelt, unserer eigenen Einstellung und den Hormonschwankungen zu tun.

Die erste Phase beginnt mit der Reifung des Eis im Follikel, einer Zellansammlung im Eierstock. Damit das Ei reifen kann, produziert der Körper das Hormon Östrogen, das auch die Brüste und die Gebärmutter aktiviert. Diese Phase könnte man mit dem Vorfrühling vergleichen: Im Inneren der Erde wächst schon alles heran, auch wenn es äußerlich noch Winter ist und die Natur zu schlafen scheint. Im Körper der Frau bzw. des jungen Mädchens entstehen Möglichkeiten …

Die vier Phasen des weiblichen Zyklus´ können wir mit der Abfolge der vier Jahreszeiten vergleichen.

In der zweiten Phase kommt es zum Eisprung, der Ovulation. Auch hierbei hilft ein spezielles Hormon. Ungefähr zwischen dem 14. Und 16. Zyklustag schiebt sich ein reifes Ei in den Brutbeutel. Diese Phase entspricht dem späten Frühling, wenn Kirsch- und Apfelbäume blühen und mit ihren Farben und Düften Insekten anlocken, um befruchtet zu werden.

Auch im weiblichen Zyklus ist dies die »fruchtbare Zeit«, und tatsächlich haben viele Frauen in dieser Phase besonders viel Lust auf Sexualität. (Eine Empfängnis ist aber auch außerhalb der fruchtbaren Tage möglich, weil Spermien eine Lebensdauer von einigen Tagen haben. Sie können also abwarten!)

Anschließend wird das Ei in der dritten Phase in den so genannten Gelbkörper umgewandelt. Seine Zellen produzieren Gestagene, vor allem Progesteron, die bewirken, dass sich die Gebärmutter auf den Empfang eines Eis vorbereitet. Die Gebärmutterschleimhaut verdickt sich und wird mit Nährstoffen angereichert. Denn falls eine Eizelle befruchtet wäre, sollte es das soeben gezeugte Kind von Anfang an gut und gemütlich haben. Diese Phase entspricht dem Sommer: Die Frucht reift heran, unbefruchtete Blüten sterben ab.

In dieser Phase werden keine speziellen Hormone gebraucht. Das Ei ist ja reif geworden und hat seinen Weg gefunden. Östrogen und Progesteron sinken auf ihren niedrigsten Stand. Mädchen fühlen sich in dieser Phase oft wütend, aggressiv oder deprimiert und traurig. Im Körper wird jetzt der Gelbkörper und die verdickte Gebärmutterschleimhaut abgebaut.

Sie löst sich in der vierten Phase, der Menstruation ab. Diese Phase entspricht dem Herbst. Was ist das für Blut, das bei der Menstruation aus dem Körper fließt? Erzählen Sie Ihrer Tochter von seinen Eigenschaften, denn dieses Blut hat es wirklich verdient, mit Respekt behandelt zu werden! Es enthält sehr viele Vitamine, Proteine, Eisen, Kupfer, Magnesium, Kalium, Kalzium und andere Mineralsalze sowie eine große Zahl von Immunzellen. Andere kaufen so etwas für teures Geld in der Apotheke! Im Prinzip lässt es sich nicht nur als wertvoller Pflanzendünger, sondern auch zur Heilung von Hautproblemen benutzen. In China benutze man diesen »roten Drachen« sogar für Liebeszauber – aber das lassen wir heute lieber bleiben.

Wenn wir uns bewusst sind, dass Frauen und pubertierende Mädchen mit diesem Zyklus leben, werden wir Ihren Stimmungsschwankungen mit Verständnis und Rücksicht begegnen, denn in diesem Auf und Ab kann kein weibliches Wesen gleich bleibend freundlich sein.

Für Frauen ist es heute besonders schwer, ihre Identität zu finden, wenn sie nicht dem gängigen Schönheitsideal entsprechen. Unsere Mädchen stehen also vielfach unter Druck, und es ist nicht immer einfach für sie, sich einerseits von der eigenen Mutter abzunabeln und eine eigene Persönlichkeit zu entwickeln, andererseits aber nicht auf Klischees hereinzufallen. Unsere Töchter brauchen in dieser Zeit Hilfe – vor allem, indem wir ihnen zuhören und ihnen ihre Launen nicht übel nehmen.

Die erste Menstruation – ein rotes Fest?

Als ich meine erste Menstruation bekam, war ich elf und ganz allein. Meine Mutter war schwer krank und niemand hatte mich darauf vorbereitet. Es gab keine Binden, und ich musste sehen, wie ich mit meinen blutverschmierten Unterhosen zurechtkam. Ähnlich albtraumartige Erlebnisse hatten viele Mädchen meiner Generation. »Ihren Dreck« oder »ihren Schiet« nannten die Frauen das, und sie sprachen nicht gern darüber. Niemand durfte es wissen.

Die Töchter dieser Frauen haben später ihre eigenen Töchter schon von klein auf mit auf die Toilette genommen und ihnen gezeigt, dass sie einmal im Monat bluten. Und dass das zum Frausein gehört.

Heute wissen die Mädchen, dass mit der Menstruation die Fähigkeit, Kinder zu bekommen, verbunden ist. Die meisten Mädchen sind heute stolz, wenn sie das erste Mal ihre Tage bekommen und sie machen kein Geheimnis daraus. Für sie ist es eher ein Grund zum Feiern.

Ich schlage Ihnen vor, mit Ihrer Tochter darüber zu reden, was sie sich für dieses Ereignis wünscht. In ihrem Buch *Der Mondring* macht Margaret Minker dazu einige Vorschläge: Wollen Sie ein rotes Fest feiern? Dann kommen alle in roter Kleidung und essen rote Speisen und freuen sich ihres Lebens. Ältere und jüngere Frauen könnten aufschreiben, warum es schön ist, eine Frau zu sein, und sie könnten gemeinsam singen und tanzen.

Die meisten Mädchen sind stolz, wenn das erste Mal ihre Tage bekommen – denn sie wissen, dass sie damit zur Frau werden.

Auch sollten Sie das Datum der ersten Menstruation irgendwo festhalten, damit es nicht dem Vergessen anheim fällt.

Die meisten Mädchen, die ich heute kenne, fänden so ein Fest allerdings »oberpeinlich«. Ich finde es trotzdem eine gute Idee, Ihrer Tochter das vorzuschlagen: Sie erfährt dadurch, dass Sie sich über ihre Entwicklung zur Frau freuen. Vielleicht hat Ihre Tochter auch eine andere Idee. Oder Sie gehen einfach gemeinsam schön essen. Vielleicht darf sie – als Symbol ihrer Weiblichkeit – einen Ring aussuchen oder eine Kette mit einem besonderen Anhänger. Ein symbolisches Geschenk unterstreicht die Freude am Frausein und hebt hervor, dass das etwas ganz Besonderes ist.

Hilfe bei Menstruationsschmerzen

Viele Mädchen greifen heute ohne Zögern zu Tabletten, weil ihre Mütter ihnen das vormachen. Ich halte das nicht für klug. Es verleitet zu Abhängigkeit und Drogenkonsum (sollten die von mir empfohlenen Hausmittel nicht helfen, rate ich, einen Arzt zu konsultieren). Statt leichtfertigen Tablettenkonsum schlage ich Ihnen vor, altes Frauenwissen aufzugreifen und im Sommer, vielleicht im Urlaub, gemeinsam mit Ihrer Tochter nach Frauenmantel und Schafgarbe Ausschau zu halten. Falls Sie einen Garten oder Balkon haben, können Sie diese biologisch anspruchslosen Pflanzen auch selbst anbauen.

Diese Kräuter können Sie pflücken und an schattigen Orten trocknen. Das Wissen, sich selbst helfen zu können, macht stolz und zufrieden. Ein sehr dünner Tee, aus Frauenmantel und Schafgarbe gebrüht, hilft bei Menstruationsschmerzen. Haben Sie keine Gelegenheit, die Pflanzen selbst zu ziehen, können Sie im Reformhaus oder Bioladen spezielle Frauentees kaufen. Außerdem braucht Ihre Tochter eine Wärmflasche.

Ein Massageöl aus Jojoba- oder Mandelöl, in das Sie

- 1 Tropfen ätherisches Rosenöl,
- 1 Tropfen römische Kamille
- 1 Tropfen Zypresse
- und 2 Tropfen Majoran geben

und mit dem sich Ihre Tochter den Bauch massiert, wirkt meist Wunder.

Die folgende Phantasiereise kann die Linderung der Schmerzen unterstützen:

Mach es dir mit einer Decke und einer Wärmflasche ganz bequem … Schließe die Augen, und gewöhne dich an die wohltuende Dunkelheit … Stell dir vor, dass sie dir hilft, deine Alltagssorgen zu vergessen … Spüre die Geborgenheit, die die Dunkelheit dir gibt … Und stell dir vor, dass in ihr alles enthalten ist … Sieh dir den Nachthimmel an … wie dunkel er ist … Sieh die Sterne und Galaxien, die Milchstraße … Sieh den Mond und sein Licht … Nimm die Dunkelheit in deinem Körper an … Sie ist eine Quelle der Erneuerung und Verwandlung … So, wie jede Nacht den neuen Tag entstehen lässt … Die Dunkelheit ist die Quelle allen Seins … Wir kommen aus der Dunkelheit und kehren zu ihr zurück … Genieße die Dunkelheit noch eine Weile … Und dann komm hierher zurück in den Raum … erfrischt und wach.

Sinnvoll kommunizieren – einige Regeln für Mütter und Väter

Solange wir mit unseren Töchtern im Gespräch sind, verlieren wir sie nicht – das ist eine alte und immer wieder bestätigte Erfahrung. Die Qualität solcher Gespräche wird darüber entscheiden, wie gut oder schlecht unsere Beziehung verläuft. Weil die wenigsten von uns gelernt haben, wie Kommunikation gelingt, fügen wir einander oft Verletzungen zu, ohne es zu wollen. Wenn wir so reden »wie uns der Schnabel gewachsen ist«, kommt nicht immer etwas Gutes dabei heraus.

Ich möchte Ihnen deshalb einige Regeln vorstellen, die Ihnen die Kommunikation mit Ihren pubertierenden Töchtern (und auch Söhnen!) erleichtern können:

- Reden Sie von sich selbst und in Ich-Botschaften. Ihre Gefühle mögen noch so heftig sein – wenn Sie bei sich bleiben, machen Sie nichts falsch. Sagen Sie zum Beispiel: »Die Unordnung in deinem Zimmer regt mich auf!« Oder: »Ich bin jetzt so wütend, dass ich nicht reden kann.« Vermeiden Sie Du-Botschaften wie: »Du bist schlampig und unsozial!« Auf diese Weise hat Ihre Tochter keine Chance, etwas zu verändern. Sie schreiben die negativen Eigenschaften geradezu fest.

- Benutzen Sie keine Verallgemeinerungen, denn dadurch hat Ihr Gegenüber keine Chance, der Anklage zu entgehen. Niemand ist »immer« unfreundlich, schlampig oder desinteressiert. Und nicht »alles« ist nervig, anstrengend oder langweilig. Solcherart formulierte Vorwürfe – auch wenn sie in einer konkreten Situation zutreffen – entmutigen Ihre Tochter: Wie kann sie jemals Ihre Erwartungen erfüllen, wenn sie doch »immer« »alles« falsch macht!? Merke: Wer in Verallgemeinerungen spricht, kennt keine Ausnahmen. Deshalb sollten Sie Aussagen nach folgendem Strickmuster verwenden: »Du hast vergessen, deinen Teller rauszutragen« – »Warum hat dir die Theateraufführung nicht gefallen?

Als wir letztens das Konzert besuchten, warst du ganz begeistert.« – »Als du eben die Augen verdreht hast, war ich enttäuscht. Lass uns morgen noch einmal über das Thema reden«

- Sprechen Sie konkrete Verhaltensweisen an: »Es ist nicht in Ordnung, dass du jetzt den Fernseher anschaltest. Wir haben vereinbart, dass du zuerst deine Hausaufgaben machtst.« – »Der Meerschweinchenkäfig ist noch nicht sauber. Bitte erledige das jetzt sofort.«

- Nehmen Sie Gefühle ernst, und sprechen Sie aus, was Sie wahrnehmen: »Ich sehe, dass du traurig bist. Was ist passiert?« – »Ich merke, dass dich das wütend macht. Willst du mit mir darüber reden?« – »Offensichtlich langweilst du dich. Wenn du möchtest, schlage ich dir vor …«

- Jeder Mensch hat das Recht auf eigene Gefühle, und er hat das Recht, diese Gefühle auch zum Ausdruck zu bringen. Wir teilen uns über Gefühle mit. Nehmen Sie das Gefühl als Aufforderung, zu einem späteren Zeitpunkt darüber zu reden. Denn heftige Gefühle müssen erst abklingen, bevor man über ihre Ursachen reden kann.

- Machen Sie Ihrer Tochter öfter mal ein Kompliment. In Familien, in denen man sich wohl fühlt, kommen auf eine kritische fünf positive Bemerkungen.

Es gibt Aussagen und Bemerkungen, die sich auf jede Beziehung negativ auswirken. Weil wir alle von unseren Eltern, Lehrern oder anderen Mitmenschen solche Bemerkungen gehört haben, benutzen wir sie leider auch selbst. Überprüfen Sie deshalb Ihr Vokabular auf folgende »Gesprächs- und Selbstwertkiller«:

- Was ist bloß los mit dir?
- Wie oft soll ich dir noch sagen …?
- Kannst du denn überhaupt nichts richtig machen?
- Du bist ein Tollpatsch!

- Typisch Mädchen!
- Lass lieber mich das machen, du kannst das nicht.
- Wenn du das machst, wirst du …
- Schau dir mal diesen Dreck hier an. Der ist von dir …
- Wie siehst du denn aus?
- Wie willst du jemals …
- Sieh dir mal an, wie viele Fehler du gemacht hast …

Wenn Sie wissen wollen, wie positive Gespräche zwischen Erwachsenen und Kindern verlaufen, empfehle ich Ihnen die therapeutischen Geschichten von Doris Brett und Linde von Keyserlingk (siehe Literaturhinweise).

Erlaubt oder verboten?

Sie werden überrascht sein, mit welcher Geschwindigkeit Ihre Tochter ab einem gewissen Alter darauf besteht, dieses oder jenes zu dürfen: Partys, Filme, Zigaretten, Disko, Solarium, Alkohol, Zeltfeste, Besuch von oder bei jungen Männern, Reisen, bestimmte Kleidung – ständig werden Sie mit der Frage konfrontiert: Mama, darf ich? Papa, darf ich? Sagen Sie Ja, sterben Sie wahrscheinlich vor Angst, sagen Sie Nein, bricht ein Vulkan aus.

Dörte Stolle beschreibt Eltern, die ihre heranwachsenden Kinder »an der kurzen Leine« halten. Diese Jugendlichen bleiben lange zu Hause und passen sich den elterlichen Erwartungen an. Freiräume finden sie in Sportvereinen oder Jugendgruppen aller Art. Ist der Erziehungsstil der Eltern je-

doch schwankend oder zu streng, reagieren diese Jugendlichen oft mit Widerstand oder Ausweichverhalten. Sie gehen dann in ihren Gruppen und Cliquen Risiken ein oder konfrontieren sich mit Autoritäten wie Lehrern oder der Polizei.

Erziehung an »der langen Leine« in Übereinstimmung mit den Eltern gibt den Jugendlichen viel Gestaltungsraum, den sie modebewusst und mit einem Maximum an Lebensfreude ausfüllen. Diese Jugendlichen legen Wert auf gute Gespräche, grenzen sich klar von den Eltern ab, hinterfragen gesellschaftliche Konventionen und zeigen kritisches Engagement. Sie legen Wert auf eine gute Schulbildung und anspruchsvolle Beziehungen (Stolle 2002; Seite 130 f.).

Familie ist Jugendlichen sehr wichtig. Sie prägt, vermittelt Geborgenheit und ist der Ort, an dem sie Konflikte austragen und Leben gestalten können. Die Kunst besteht darin, einerseits als Eltern präsent und gesprächsbereit zu sein und andererseits die Verantwortung an das heranwachsende Mädchen abzugeben und damit die Ablösung zu ermöglichen. Kinder in der Pubertät kann man nicht mehr erziehen. Wir sollten sie jedoch begleiten und ständig im Gespräch miteinander bleiben. Solche Gespräche kann man allerdings selten »ansetzen«. Besser ist es, aufmerksam den richtigen Zeitpunkt abzuwarten. Oft ergeben sich auf gemeinsamen Autofahrten, am Krankenbett, bei einem gemeinsamen Tee oder in anderen alltäglichen Situationen plötzlich tiefe und ernste Gespräche. Wenn wir die nicht nutzen oder »keine Zeit« haben, vertun wir viele Chancen!

In der Pubertät geht es darum, den Jugendlichen Freiräume zu gewähren und gleichzeitig darauf zu achten, dass sie die Grundregeln des Zusammenlebens einhalten.

»Es geht darum, Freiheit zu gewähren, aber auch auf Grundregeln des Zusammenlebens zu bestehen. Ruhe und Gelassenheit sowie Humor sind meines Erachtens wichtige elterliche Grundhaltungen in der Pubertät«, schreibt Margot Käßmann über die Erfahrungen mit ihren vier Töchtern.

Ich werde mich hüten, Ihnen zu raten, was Sie Ihrer Tochter erlauben dürfen und was nicht. Das müssen Sie als Eltern selbst entscheiden und verantworten. Eines aber ist sicher: Sie müssen einen klaren Standpunkt einnehmen und ihn auch vertreten. Denn Ihre Tochter braucht Ihren Rat und Ihre Orientierung! Ob Sie sich daran hält, ist eine andere Sache. Wundern Sie sich nicht, wenn Ihre Tochter Ihnen auch mal widerspricht – das ist in diesem Alter völlig normal. Sie muss lernen, Ihren eigenen Weg zu finden, und hierbei muss sie sich erproben. Auch mit Worten! »Die Pubertät ist eben auch eine Zeit des unglaublich großen Egoismus oder auch Narzissmus' oder einfach auch der Verunsicherung. Mir scheinen die jungen Leute so mit sich selbst beschäftigt, dass es ihnen kaum gelingt, andere wirklich tief wahrzunehmen. Eltern müssen wohl einfach erwarten, dass die Aussaat aus den früheren Jahren Frucht bringt, darum geht es – aber das kann dauern«, schreibt Margot Käßmann (Käßmann 2001; Seite 154). Legen Sie also nicht jeden Wutanfall auf die Waagschale! Lassen Sie sich aber immer von guten Argumenten überzeugen.

Wer seiner Tochter zu viel verbietet, läuft Gefahr, angelogen zu werden. Wer ihr zu viel erlaubt, liefert sie unnötigen Risiken aus.

Reden Sie mit anderen Eltern, aber hängen Sie Ihr Fähnchen nicht in den Wind. Nach meinen Beobachtungen verhalten sich manche Eltern in der Pubertät zu rigide, andere zu lasch. Wer seiner Tochter alles erlaubt, liefert sie oft unnötig Gefahren aus. Zeltfeste und Diskobesuche sind erst ab 16 Jahren erlaubt, und das erscheint mir auch sinnvoll. Ausnahmen können aber manchmal auch notwendig sein, zum Beispiel wenn Ihre Tochter besonders verantwortungsbewusst, ein großer Bruder dabei ist oder von den Eltern einer Freundin begleitet wird. Wer zu viel verbietet, läuft Gefahr, angelogen zu werden oder die Tochter zum Ausreißen zu animieren. Mein Rat: Bleiben Sie im Gespräch miteinander! Sagen Sie Ihre Meinung, und äußern Sie Ihre Bedenken und Ängste! Vor allem aber: Hören Sie genau zu, was Ihre Tochter Ihnen antwortet. Es lohnt sich!

Pubertät und Schule

Manche Mädchen rutschen in der Pubertät in ihren Leistungen ab. Das ist verständlich, wenn man bedenkt, welch drastischen Veränderungen sie ausgesetzt sind. Geduld und Verständnis unterstützen diese Mädchen, Strafen und Druck treiben sie in die Enge. Machen Sie sich bitte klar, dass sich schon manch verzweifeltes Mädchen das Leben genommen hat, weil ihre schulischen Leistungen den Eltern nicht genügten. Jeder vierte Mensch unter dreißig, der in Deutschland zu Tode kommt, hat Selbstmord begangen. In einer Stadt wie Hannover starben 1997 25 Menschen an Verkehrsunfällen, 21 an Drogen und 112 an Selbstmord (zitiert nach Käßmann 2001; Seite 43)! Es sind zwar öfter Jungen als Mädchen, die sich umbringen – aber Eltern sollten diese Zahlen ernst nehmen. Denn gerade in der Pubertät brauchen unsere Töchter uns – und wenn sie in der Schule Schwierigkeiten haben, müssen wir ihnen beistehen.

Kinder müssen lernen, Schritt für Schritt Verantwortung für die Aufgaben zu übernehmen, die ihnen von Erwachsenen übertragen werden.

Wenn Sie der Ansicht sind, Ihre Tochter sei »faul«, dann sprechen Sie mit ihr darüber, aber setzen Sie sie nicht auf die Anklagebank!

Kinder müssen Verantwortung für ihre Aufgaben übernehmen, das muss jedoch Schritt für Schritt geschehen. Wer Pflichten nicht erfüllt, hat auch keinen Anspruch auf Privilegien. »Du darfst ins Kino – aber vorher werden die Hausaufgaben gemacht.« – »Ich fahre dich gern zu deiner Freundin, wenn du vorher dein Aquarium reinigst.« Kommen Sie mit solchen fairen Angeboten nicht weiter und spitzt sich die Situation zu, ist Unterstützung notwendig! Reden Sie mit der Mutter/dem Vater Ihrer Tochter, mit den Lehrerinnen, mit anderen Eltern oder mit einem Therapeuten. Manchmal können Außenstehende leichter durchschauen, um was es eigentlich geht, und zu Lösungen beitragen.

Oft ist die Schule auch gerade der Ort, an dem Mädchen ihre Freundinnen und interessante Jungen treffen können. Wenn an der Schule eine gute Atmosphäre herrscht und die Jugendlichen mit ihren Lehrern und untereinander reden können, nehmen sie dafür auch Leistungsanforderungen in Kauf. Der enorme Einsatz, den Jugendliche in Schulprojekten zeigen, zum Beispiel wenn sie eine Theateraufführung vorbereiten oder eine Benefiz-Aktion starten, macht das deutlich.

In dem Buch *Du gehörst zu uns* zeigt die Münchner Therapeutin Marianne Franke-Gricksch, wie tief das Verständnis zwischen Jungen und Mädchen werden kann, wenn Erwachsene sie – auch in der Schule – entsprechend anleiten. Mit ihren »Familienaufstellungen«, in denen alle Rollen mit Jugendlichen besetzt waren, hat sie einen wichtigen Beitrag zu dem geleistet, was wir heute allgemein »geschlechtsbewusste Pädagogik« nennen. Indem Mädchen und Jungen für Frauen und Männer standen, konnten sie viel über deren Lebensgefühl erfahren und eine Reife erlangen, die man Kindern in diesem Alter sonst nicht zutraut.

Krisen im Jugendalter

Das Hineinwachsen in die Welt der Erwachsenen ist die schwierigste Phase im Leben. Es kann daher nicht wundern, dass viele junge Menschen in dieser Zeit in eine Krise geraten. Durch Gespräche und Unterstützung von Eltern, Freundinnen, Paten oder anderen Menschen mit Einfühlungsvermögen und Kompetenz lassen sich indes viele Probleme meistern.

Mädchen brauchen gerade in dieser Zeit starke Eltern. »Aber nicht Stärke im Sinne von Durchsetzungsvermögen gegenüber ihren Kindern ist gemeint; stark sind Eltern mit klaren Überzeugungen, an denen Kinder sich orientieren können«, schreibt Margot Käßmann (Käßmann 2001; Seite 161).

Unsere Töchter sollten nicht nur unsere Überzeugungen kennen, sondern immer auch wissen, dass wir Eltern sie nie im Stich lassen, auch wenn sie Fehler machen. Nur aus diesem Grundvertrauen heraus können sich Eltern und Töchter wirklich aufrichtig begegnen.

Krisen sind jedoch immer auch Chancen. Wenn ein junges Mädchen mit seinen blau gefärbten Haaren, seiner Wut, seinem ungezogenen Verhalten, seinen schlechten Schulleistungen, seinen Diebstählen oder seiner Magersucht die ganze Familie aufrüttelt, ist das immer auch eine Chance, etwas zu verändern und eine Umkehr zu wagen.

Eine Familientherapie hilft nicht nur dem »auffälligen« Mädchen, sondern der ganzen Familie. Indem Zusammenhänge erkannt, Geheimnisse gelüftet oder Verstrickungen deutlich werden, gewinnen alle. Nach einer erfolgreich überwundenen Krise sind die Beziehungen in einer Familie reifer, tiefer und liebevoller.

Ich möchte im Folgenden auf drei »Krisen« eingehen, die mehr und mehr Mädchen durchleben.

Ess-Störungen

Vorwiegend Mädchen, aber auch Jungen, leiden an Ess-Störungen wie Anorexie (Magersucht) oder Bulimie, bei der das Essen bewusst wieder erbrochen wird.

Es liegt auf der Hand, dass Ess-Störungen nur in Ländern auftreten können, in denen alle die Möglichkeit haben, sich satt zu essen. Gleichzeitig fehlt es in diesen Ländern, den westlichen Industriegesellschaften, vielen Kindern an natürlicher Zuwendung, gemeinsam verbrachter Zeit und elterlicher Gelassenheit. Wir leben oft unter großem Druck, fühlen uns zu außerordentlichen Leistungen verpflichtet und stehen ständig unter Stress. Dabei vergessen wir oft, dass unsere Kinder sich nach einfachen Dingen sehnen: Zuhören, Verstehen, Zeit haben.

Dörte Stolle erzählt in ihrem Buch über Entwicklungskrisen von Mädchen die Geschichte von Carina. Mit fünfzehn glaubt sie, dass ihr kleiner Bruder der Liebling der Mutter sei und sie selbst nicht genug Zuwendung erhält. Ihren Vater, den sie sehr liebt, sieht sie selten. Am liebsten möchte sie immer in seiner Nähe sein. Von ihrer Mutter fühlt sich Carina einerseits als Partnerin überfordert und als Kind zu sehr eingeschränkt. Sie möchte Autonomie – aber ihr Hungern führt dazu, dass man ihr diese Autonomie vorenthält. Ihr Leben ist bedroht. Als sie bei einer Größe von 168 Zentimetern nur noch 44 Kilo wiegt, wird sie in die Kinder- und Jugendpsychiatrie eingewiesen.

Mit Hilfe von Einzelgesprächen, Ergo- und Reittherapie gelingt es Carina schließlich, sich zu befreien und zu gesunden. Sie schreibt über sich: »Meine Eltern sind kein Vorbild für mich, sie verstehen mich gar nicht, taten aber immer so, als sei alles in Ordnung. Mein Vater war früher viel unterwegs, auf Geschäftsreisen, oft sah ich ihn nur am Wochenende. Ich glaube, dass meine Mutter ihn ersetzen wollte und nach außen immer versuchte, ein harmonisches Familienleben darzustellen, aber sie ist nicht glücklich, nicht mal zufrieden. Ich habe irgendwie das Gefühl, dass ich ihr helfen müsste. Manchmal denke ich, dass ich nicht ihre Tochter, sondern eher ihre Partnerin bin.« (Stolle 2002; Seite 78)

Wenn wir diese Zeilen lesen, wird deutlich, wann bei uns Eltern die Warnlampen aufleuchten sollten: Meinungsverschiedenheiten in der Pubertät sind normal – aber fühlt sich Ihre Tochter ganz und gar unverstanden? Hat sie das Gefühl, Ihnen helfen zu müssen oder Ihre Partnerin zu sein?

Wenn ja, ist es sinnvoll, familientherapeutische Gespräche zu führen, *bevor* Ihre Tochter in eine lebensbedrohliche Krise gerät.

Schenken Sie Ihrer Tochter jedoch von Anfang an Gehör, kann die ganze Familie durch die offen geäußerten Gefühle zu einem besseren Zusammenleben finden. Weil Kinder prinzipiell kooperativ sind, verschweigen sie ihre wahren Gefühle manchmal, wenn sie befürchten, die Eltern könnten darunter leiden. Carina hat sicherlich nie gefordert: »Papa, bleib bitte hier, ich brauche dich!« Und wahrscheinlich hat sie auch ihre Wut auf den kleinen Bruder nicht offen gezeigt, denn sie wollte ja das brave Mädchen sein.

Manchmal verschweigen Kinder ihre wahren Gefühle, weil sie befürchten, ihre Eltern könnten darunter leiden.

Aus ihrem Verhalten hätten die Eltern jedoch ablesen können, dass es Carina nicht gut geht – und dann Schritte zur Besserung einleiten können. Gehört Ihre Tochter zu jenen Menschen, die ihre Gefühle hemmungslos herausschreien, sollte Sie das nicht betroffen machen. Es ist eine ausgezeichnete Überlebensstrategie! Und es lohnt sich, die darin enthaltenen Botschaften als Anlass zum Nachdenken über das eigene Verhalten zu nehmen.

Zuflucht zu Drogen

Auch Lisa fühlt sich von ihren Eltern nicht verstanden, als sie im Alter von dreizehn Jahren beginnt, regelmäßig Alkohol zu konsumieren. Sie rebelliert gegen ihre Eltern, die mit Strafe, Strenge und Kontrolle reagieren.

»Bald landest du in der Gosse!«, prophezeit ihr Vater. Er ist der typische Ankläger, der an allem etwas auszusetzen hat. Ihre Mutter ist das ganze Gegenteil. Sie versucht, die Probleme unter den Teppich zu kehren, und sieht weg, wenn Lisa trinkt. Die Fassade muss schließlich gewahrt werden.

Lisa fühlt sich zwischen ihren Eltern hin- und hergerissen. Die Mutter ist ihr kein Vorbild, weil sie zu wenig Rückgrat besitzt und keine eigene Meinung hat. Der Vater hingegen ist mit seiner Stärke und Willenskraft schon eher Modell, aber gleichzeitig hasst sie ihn wegen seiner Gängelei und seinen ständigen Strafaktionen.

Durch eine Familientherapie gelingt es den Eltern, das eigene Leben wieder in den Blick zu bekommen und zu ihren eigenen Gefühlen zu stehen.

Indem der Vater Lisa einerseits mehr Freiheiten einräumt, andererseits aber fordert, dass sie bestimmte Regeln – z.B. keinen Alkohol zu trinken – befolgt, und seiner Tochter endlich mehr Zuwendung gibt, indem er sie häufig im Auto zu Veranstaltungen fährt und ihr Komplimente macht, verbessert sich das Verhältnis zwischen den beiden. Sie können wieder normal miteinander reden. Die Mutter sagt jetzt öfter ihre Meinung und lebt Lisa vor, dass sie eigene Ziele und Interessen hat, den Vater jedoch unmissverständlich unterstützt, wenn er das Einhalten von Regeln verlangt.

An ihrem vierzehnten Geburtstag darf Lisa eine Party feiern – ohne Alkohol und Zigaretten, aber mit lauter Musik.

Es kommt immer wieder vor, dass Mädchen in der Pubertät zu Drogen, Alkohol und Zigaretten greifen. Sie werden das als Eltern nie völlig verhindern können – aber Sie können immer mit gutem Beispiel vorangehen und Ihre Meinung kund tun. Wenn Ihre Tochter einen Fehler macht, muss sie die Konsequenzen tragen.

Es braucht aber immer auch Eltern, die ihrer Tochter vermitteln: »Wir sind für dich da, und wir stehen zu dir, auch wenn du dich falsch verhältst. Lass uns gemeinsam überlegen, wie wir den Schaden beheben.«

Depression

Eine zerbrochene Freundschaft, der Tod oder die schwere Erkrankung eines Familienangehörigen, Stress und Schulversagen, Abgewiesenwerden durch jemand, den man liebt – all das kann zu Depressionen bis hin zum Selbstmordversuch führen. Susan Gilbert weist darauf hin, dass eine Depression oft auch mit Angst zu tun hat (Gilbert 2001; Seite 235 f.).

Als Eltern sollten wir erste Anzeichen – Interesselosigkeit, Müdigkeit, mangelnde Körperpflege, Schuldgefühle und tiefe Traurigkeit – unbedingt ernst nehmen. Die Selbstmordrate im Jugendalter ist extrem hoch. Mädchen mit Depressionen sprechen sich selten mit anderen aus, haben wenige oder keine Freundinnen und ziehen sich oft in sich selbst zurück. Manchmal kann ein Hund oder ein Pferd für so ein Mädchen eine große Hilfe sein. Falls es Ihnen nicht gelingt, verständnisvolle Gespräche mit Ihrer Tochter zu führen, Gespräche, die Lösungen aufzeigen und Hoffnung und Zuversicht vermitteln, sollten Sie unbedingt therapeutische Hilfe in Anspruch nehmen. Depressiven Mädchen kann auf vielfältige Weise geholfen werden, das zeigt der Alltag in kinder- und jugendtherapeutischen Praxen. Nutzen Sie diese Chance, und nehmen Sie Kontakt zu entsprechenden Einrichtungen auf; Adressen und Telefonnummern finden Sie über das Internet oder in Telefonbüchern. Natürlich muss Ihre Tochter mit der Therapie einverstanden sein. In einem Vorgespräch, das Sie allein meist kostenlos führen, erfahren Sie jedoch auch, wie Sie Ihre Tochter motivieren können und welche Einrichtung, Beratungsstelle oder Therapie für Ihr spezielles Problem geeignet ist.

Beziehungsmuster

Mütter und Töchter

Die Beziehung zwischen einer Mutter und ihrer Tochter ist einzigartig und intensiv. Die russischen Matrioschkas – Sie kennen die bunten Puppen in der Puppe in der Puppe … – versinnbildlichen dieses enge Verhältnis deutlich: Über Generationen geht eine Frau aus der anderen hervor.

Väter können zu ihren Söhnen keine vergleichbar intensive Beziehung herstellen, weil die neun Monate Schwangerschaft nicht ersetzbar sind. Eine Vater-Sohn-Beziehung, so intensiv sie auch sein mag, ist daher immer ganz anders als die Beziehung der Mutter zur Tochter.

Nun ist es eine alltägliche Erfahrung, dass solch eine intensive Beziehung nicht immer auch eine gute Beziehung ist. Das Verhältnis der Mutter zu ihrer eigenen Mutter spielt dabei immer eine Rolle. Die Soziologin Marianne Krüll schreibt dazu: »Meine Mutter behandelte ihre Mutter herablassend und verächtlich. Ich lernte von ihr, dass es normal ist, wenn eine Tochter ihre Mutter verachtet. Meine Mutter lieferte mir damit ein Modell: So, wie sie mit ihrer Mutter umging, verhielt ich mich 20 Jahre später ihr gegenüber.« (Marianne Krüll 2002; Seite 22)

Manchmal, wenn Frauen überzeugt sind, mit ihrer Art der Ausbildung oder mit ihren Karrierewünschen zu kurz gekommen zu sein, erhoffen sie von ihren Töchtern, dass sie stellvertretend für ihre Mutter die einstmals selbst gesteckten Ziele erreichen. In bester Absicht wird den Mädchen dadurch etwas auferlegt, was nicht ihren eigenen Bedürfnissen entspricht. So muss dann ein Mädchen, das viel lieber Handball spielen würde, Klavier spielen lernen oder Ballettunterricht nehmen. Diese Töchter fühlen sich wie in einer Zwangsjacke und holen oft später zu einem schmerzlichen »Befreiungsschlag« aus.

Eine Frau, deren Mutter ihr wenig oder keine Liebe geben konnte, wird es immer schwer haben, selbst liebevoll zu sein. »Rabenmutter« nennt man das dann. In solchen Fällen gab es aber immer auch ein »Rabenkind«, das vernachlässigt wurde! Bleibt die Verstrickung unter der Oberfläche verborgen, wird nicht selten über Generationen hinweg ein liebloses oder misshandelndes Verhalten weitergegeben. Werden in einer Therapie die Hintergründe bewusst gemacht und heilsame Wege beschritten, kann dieser Kreislauf durchbrochen werden.

In Gesprächen mit vielen Müttern über ihre Töchter habe ich immer wieder großen Hass herausgehört. Im Märchen von Schneewittchen wird dieses Problem auch beschrieben. Wenn Sie einfach keinen Zugang zu Ihrer Tochter bekommen, von Anfang an Probleme mit ihr haben und über ihr Verhalten rätseln, halte ich es für sinnvoll, an Ihrer eigenen Mutter-Beziehung zu arbeiten, eine Familienaufstellung zu machen oder sich eine Therapeutin Ihres Vertrauens zu suchen. Schließlich leben wir heute in einer Zeit, in der wir die Möglichkeit zur Heilung haben.

Zu jeder ›Rabenmutter‹ gehört auch ein ›Rabenkind‹ - so werden Verletzungen von einer Generation an die nächste weitergegeben.

Empfinden Sie jedoch eine tiefe Verbundenheit und Liebe zu Ihrer Tochter, werden Sie wahrscheinlich eine harmonische und problemlose Zeit miteinander haben und die kleinen alltäglichen Konflikte mit Humor und Mitgefühl lösen – zumindest bis sie in die Pubertät kommt.

Erzählen Sie Ihrer Tochter von ihren weiblichen Vorfahren! Finden Sie heraus, welche Heldentaten diese Frauen im Großen und im Kleinen vollbracht haben. »Ich erinnere mich heute an so vieles, was mir meine Großmutter in der Küche vermittelt hat«, sagt Angela. »Sie hatte einen engen Bezug zur Natur, baute selbst Gemüse an und wusste über Ernährung Bescheid.« Ich finde es wichtig, dieses weibliche Wissen auch in Zeiten von Käpt'n Iglo und McDonald's lebendig zu halten. Welch kunstvolle Handarbeiten haben Frauen früher hergestellt, wie konnten sie stricken, häkeln, sticken und klöppeln! Was wissen Sie heute noch davon, was beherrschen Sie noch? Vielleicht müssen Sie mit Ihrer Tochter ein Museum besuchen, um Erinnerungen aufzufrischen, aber ich finde es wichtig, dass unsere Töchter erfahren, dass Frau zu sein mehr bedeutet als das, was uns Britney Spears oder Christina Aguilera vormachen.

Ja, unsere Vergangenheit kann uns Kraft geben: Stellen Sie sich nur einmal vor, dass all die Frauen, die in Ihrer Familie vor Ihnen gelebt haben, hinter Ihnen stehen und Sie mit ihrem Segen begleiten. Was für ein Halt!

Ihre Tochter hat Sie als Vorbild täglich vor Augen. Sie sind in der Lage, die Unterschiede zwischen ihr und Ihnen selbst achtsam zu beobachten. Indem Sie sie als eigenständige Person respektieren, achten und wertschätzen, kann Ihre Tochter alle in ihr schlummernden Begabungen und Talente entfalten.

Geza ist eine zarte Person, die sich geschmackvoll kleidet und sehr gepflegt aussieht. Mit ihrer siebenjährigen Tochter Lena hatte sie von Anfang an Probleme. »Sie war ein Schreikind«, erzählt sie mir. »Sie war mit nichts zufrieden.«

Dieser Nachsatz macht deutlich, dass Geza der kleinen Tochter offenbar unterstellt, sie hätte schon als Neugeborenes ihre Eltern ärgern oder herausfordern wollen. Lenas Vater ist selbstständig und arbeitet sehr viel, auch abends. So ist Geza mit dem kleinen Mädchen tagsüber fast immer allein und bekommt immer mehr Wut auf dieses schreiende Wesen. Die kleine Lena spürt diese Ablehnung, fühlt sich zurückgewiesen und nicht

Achten und respektieren Sie Ihre Tochter – und Sie wird alle ihre Begabungen entfalten.

willkommen geheißen. In ihrer Panik schreit sie nur noch lauter. »Es ging bis zum Erbrechen«, sagt Geza. »Als Zweijährige stand sie da und brüllte, bis sie sich übergeben musste.«

Heute hat Geza in erster Linie Probleme mit Lenas Schulleistungen. Sie verweigert die Hausaufgaben und mag nicht üben. »Mit allem ist sie unzufrieden!«, sagt ihre Mutter. »Wenn ich mit ihr einkaufen gehe, will sie immer noch mehr haben.«

Lena kämpft um ihre Daseinsberechtigung. Sie ist verunsichert und möchte deutlich spüren, dass sie geliebt wird. Liebe zeigt man einem Kind am deutlichsten durch gemeinsam verbrachte Zeit, durch Zuhören und achtsame Beoachtung. Es ist sinnlos, ein Kind zu kritisieren, solange man keine funktionierende Beziehung zu ihm hat. Im Gegenteil – die Kritik zum Beispiel an den Hausaufgaben wird das Verhalten verschlimmern. Lena wird noch weniger Lust auf Schule haben.

In Absprache mit der Lehrerin könnte Geza die Schulleistungen ihrer Tochter für eine Weile völlig ignorieren und stattdessen daran arbeiten, die Beziehung zu Ihrer Tochter zu verbessern. Zum Beispiel durch ein gemeinsames nachmittägliches Teetrinken, bei dem Mutter und Tochter über das reden, was sie bewegt – dieses Ritual öffnet neue Zugänge und schafft Vertrauen.

Offensichtlich war die Beziehung von Mutter und Tochter von Anfang an gestört. Vielleicht war die Geburt sehr schwierig gewesen, oder Lena hatte mit körperlichen Problemen zu kämpfen, die niemand erkannte. Möglich ist auch, dass Geza das Kind eigentlich gar nicht wollte und das Baby diese Ablehnung gespürt hat. Obwohl Geza sich sehr viel Mühe gibt, sich in Kindergarten und Schule sehr engagiert und es ihrer Tochter materiell an nichts fehlt, konnten die beiden offenbar keine sichere Bindung oder vertrauensvolle Beziehung zueinander entwickeln. Sie trauen ihrer Liebe nicht, gestehen sich das aber nicht ein.

Wenn sich daran etwas ändern sollte, müsste Gezas Mutter als die erwachsene Frau zunächst auf ihre Herkunftsfamilie blicken. Was bringt sie von dort mit, das sich jetzt negativ auswirkt? Was ist mit ihrer Mutter und Großmutter passiert? Wer wurde nicht geachtet? Was wurde totgeschwiegen? Wer wurde nicht betrauert? Welche Heilungsschritte gibt es?

Ein solches Bewusstmachen von belastenden Faktoren und das Nachholen notwendiger Schritte wie zum Beispiel Trauer und Würdigung, helfen manchmal schon, das eigene Kind mit anderen Augen zu sehen. Aus dieser Persektive heraus könnten Mutter und Tochter miteinander spielen oder malen. Dadurch hätte das Mädchen die Chance, ihre Gefühle auszudrücken und im Bild oder Spiel zu verarbeiten. Märchen und Geschichten können ebenfalls heilsam wirken. Der Forderung *Mein Kind muss so sein, wie ich es haben will* würde keine Bedeutung mehr geschenkt.

Belastend an der Geschichte von Geza und Lena ist darüber hinaus die Tatsache, das der Vater, der hier positiv einwirken könnte, so selten zu Hause ist. Der Tochter wird dadurch die große Chance genommen, positive Erfahrungen mit Männern zu machen (auf das Thema Vater und Tochter gehe ich später ein; siehe Seite 156).

»Das große Staunen« überschreibt Thessa die Erfahrung mit ihrer Tochter Nina. »Sie war von Anfang an so anders als ich. Bei ihrer Geburt stieß sie nur einen kräftigen Schrei aus – und da wusste ich, sie wird einmal stark sein.«

Thessa ist ein zurückhaltender, unkomplizierter Typ. Sie legt wenig Wert auf Äußerlichkeiten. Umso verblüffter war sie, als ihre Tochter sich schon mit drei Jahren mehrmals täglich umzog. Als sie bei Freundinnen Nagellack entdeckte, war sie ganz verrückt danach. »Mit vier wollte sie Lackschuhe! Das hat sie bestimmt nicht von mir!«, erzählt Thessa. Und noch etwas erstaunt sie: »Meine Tochter sagt immer, was sie will – und dann besteht sie darauf, es auch durchzusetzen. Das ist anstrengend, aber ich bewundere sie dafür auch.« Thessa ist ganz anders als ihre Tochter, aber sie kann sie so akzeptieren, wie sie ist, ja, sie staunt über ihre Tochter und lernt von ihr.

Diese Haltung ermöglicht eine gute Beziehung. Wie jede Mutter, so hegt auch Thessa ein Wunsch, eine Erwartung: »Nina wird einmal stark sein.« Aber diese Prognose wirkt sich nicht negativ aus, weil keine Ablehnung dahintersteht – es ist eine durch und durch positive Aussage. Ihre beobachtende Haltung und eine gewisse Neugier ihrer Tochter gegenüber ermöglicht Thessa, ihre Nina bedingungslos zu lieben – und das ist die beste Voraussetzung für eine glückliche Beziehung zwischen Mutter und Tochter.

Als Mutter berufstätig: Was sagt Ihre Tochter dazu?

Deutschland gehört zu den Ländern, in denen berufstätige Mütter es alles andere als leicht haben. Als Margot Käßmann sich um das Bischofsamt bewarb, hatte sie vier Kinder. Es kam die Frage auf, ob ihr Amt den Kindern zuzumuten sei. Ihrem Mitbewerber, einem Vater von fünf Kindern, wurde diese Frage nicht gestellt.

Oft lohnt auch ein Blick über die Grenzen: Während zum Beispiel in Frankreich Familien finanziell unterstützt werden, um sich eine qualifizierte Kinderbetreuung leisten zu können, und in Dänemark und Schweden Teilzeitarbeit sehr weit verbreitet ist und viele Einrichtungen auch Kinder unter drei Jahren betreuen, finden Mütter in Deutschland nur schwer einen Platz für ihr Kind.

Aber ist es überhaupt sinnvoll, als Mutter arbeiten zu gehen? Und was sagt Ihre kleine Tochter dazu?

Zunächst einmal: Wollen Sie überhaupt wieder arbeiten? Fühlen Sie sich aus finanziellen Gründen dazu verpflichtet?

Oder möchten Sie nur nicht als unemanzipiertes »Heimchen am Herd« wahrgenommen werden? Haben Sie Freude an Ihrer Arbeit außer Haus? Oder möchten Sie lieber mit Ihrem Kind zusammen sein? Und wenn Sie wieder arbeiten möchten – welche tägliche oder wöchentliche Arbeitszeit kommt für Sie in Frage?

Zunächst einfaches Rezept: Nur glückliche Eltern haben auch glückliche Kinder. Wenn Sie als Mutter unzufrieden sind, überträgt sich das auf ihr Kind. Das wissen Sie selbst aus Ihrem Alltag. Wenn Sie also zu den Frauen gehören, die ihren Beruf sehr lieben und sich wie eine Sklavin an Ihre Tochter gefesselt fühlen – dann stehen Sie zu Ihrer Haltung, und unternehmen Sie etwas! Es ist viel sinnvoller, in Ruhe eine qualifizierte Betreuung für Ihre Tochter zu suchen, als enttäuscht zu Hause zu sitzen und in den Babybrei zu heulen oder vor Wut die Windeln zu würgen. Denn *natürlich* in des Wortes ureigenster Bedeutung ist die abgeschottete stundenlange Zweisamkeit von Mutter und Kind in einer Wohnung oder einem Haus ganz bestimmt nicht. Ursprünglich hat immer eine *Gruppe* von Frauen die Kinder betreut und versorgt und dabei gleichzeitig wichtige Arbeiten erledigt. Das entlastete die einzelne Mutter und gab den Kindern genug Spielraum für neue Erfahrungen und soziales Lernen. Unter Naturvölkern, zum Beispiel bei den Bewohnern der Trobriand-Inseln (die zu Papua-Neuguinea gehören), ist aggressives Verhalten nahezu unbekannt. Ihre Kinder schreien fast nie! (vgl. Grossmann, in: Gottschalk-Batschkus u.a. 1996; Seite 283–292) Es ist immer jemand da, der sie tröstet und mit ihnen spielt, und im Ernstfall ist Mama in der Nähe.

Ob Sie sich für oder gegen eine Berufstätigkeit entscheiden, eines gilt in jedem Fall: Nur glückliche Eltern haben glückliche Kinder.

In Deutschland sind mehr und mehr Frauen allein erziehend. Die meisten von ihnen müssen – ob sie wollen oder nicht

– berufstätig sein, um finanziell über die Runden zu kommen. Unabhängig davon, ob sie freiwillig oder unfreiwillig arbeiten gehen, eines gilt immer: Ihre Berufstätigkeit schadet Ihrer Tochter nicht, wenn Sie sie an eine »Bezugsperson« gewöhnen, die sich liebevoll und zuverlässig um sie kümmert. Doch wie sehen nun die konkreten Möglichkeit der Kinderbetreuung aus?

Für Kinder unter drei Jahren gibt es so gut wie keine Einrichtungen, in die man sein Kleinkind guten Gewissens geben kann. Die Anzahl der Kinder, die von einer Erzieherin betreut werden, ist meist erschreckend hoch.

Machen Sie sich selbst ein Bild, und besuchen Sie solch eine Einrichtung – am besten schon, bevor Ihr Baby überhaupt geboren ist. In vielen Fällen muss man sein Kind schon gleich nach der Geburt anmelden, um überhaupt einen Platz zu bekommen. Was für einen Eindruck machen die Kinder dort auf Sie? Wie gehen die Betreuer mit den Kindern um? Würden Sie selbst Kind sein wollen in solch einer Einrichtung?

In Deutschland gibt es kaum Einrichtungen, in die man ein Kind unter drei Jahren guten Gewissens geben kann.

Manchmal ist eine zuverlässige Tagesmutter eine gute Alternative. Sie sollte möglichst zu Ihnen ins Haus kommen, dann müssen Sie Ihr Kind nicht morgens aus dem Schlaf reißen und der Hektik des Berufsalltags aussetzen. Natürlich – das ist teuer! Aber wenn Sie ehrlich sind, ist ein wirklich guter Ersatz für eine Mutter auch Ihr ganzes Gehalt wert. Bevor Sie so eine Frau anstellen, sollten Sie sie im Umgang mit dem Kind genau beobachten und den beiden viel Zeit zum Kennenlernen gönnen. Und wenn Sie feststellen, dass sich eine stabile Beziehung aufgebaut hat, vergleichbar mit der zu Großmutter, zu Tante oder Onkel, dann können Sie ruhigen Gewissens Ihrer Berufstätigkeit nachgehen. Denn alle Untersuchungen an Kindern berufstätiger Mütter sagen aus, dass diese Kinder intelligenter, verantwortungsbewusster und mit mehr praktischer Lebenserfahrung ausgestattet sind als die Kinder, deren Mütter nicht berufstätig sind (vgl. Marone: Gute Väter ...; Seite 162).

Kinder berufstätiger Mütter sind verantwortungsbewusster und verfügen über mehr praktische Lebenserfahrung als Kinder, deren Mütter zu Hause sind - sagt die Statistik.

Aber: Diese Zahlen sind Statistik. Im Einzelfall kann alles ganz anders aussehen – und nur darauf kommt es an. Für Ihre Tochter wäre es natürlich wunderbar, wenn der eigene Vater sie in Abwesenheit der Mutter betreuen könnte. Weil aber die allermeisten Väter nicht auf ihre Arbeit verzichten wollen, es kaum Teilzeitarbeitsplätze gibt und außerdem Männer in der Regel mehr verdienen als ihre Frauen, wird diese Variante nur selten genutzt. Schade! Auf diese Weise wird die »vaterlose Gesellschaft« für weitere Generationen festgeschrieben. Problematisch an dieser Rollenteilung ist darüber hinaus, dass die Eltern sich nur wenige Stunden am Tag sehen und sich wirklich bemühen müssen, ihre Zweisamkeit nicht zu kurz kommen zu lassen.

Manche Frauen würden ihren Beruf gern zu Hause ausüben – in einigen Berufen ist das dank moderner Technik schon möglich. Das hört sich gut an, und wenn kein Druck da ist, sie also ihre Zeit frei einteilen und selbst bestimmen können, wie viel sie arbeiten, mag das auch eine gute Lösung sein. Ist das jedoch nicht der Fall, leiden Sie und Ihr Kind und schließlich die ganze Familie darunter: das Kind, weil es zu wenig Anregungen bekommt und keine Spielgefährten hat; Sie, weil Sie Ihre Arbeit nicht schaffen und ständig unterbrochen werden; Ihre Familie, weil sich keine Verlässlichkeit einstellt und Beruf und Privatleben vermengt werden.

Gehören Sie zu den Frauen, die ihre Berufstätigkeit für eine Weile mit Freude unterbrechen, um ganz für die Familie da zu sein – dann stehen Sie auch dazu, und genießen Sie diese Zeit! Sie haben dann vermutlich viele Möglichkeiten, schöpferisch tätig zu sein: Sie kochen gern, basteln Spielzeug, nähen Kinderkleidung, gestalten Ihre Wohnung mit Liebe, schreiben, malen, fotografieren oder haben ein Hobby, dass Sie ausfüllt. Im günstigsten Fall haben Sie eine Freundin, die auch ein kleines Kind hat und in Ihrer Nähe wohnt. Sie genießen es, mit Ihrem Kind zusammen zu sein und zu beobachten, wie es Fortschritte macht und sich entwickelt. Lassen Sie sich von niemandem einreden, Sie seien altmodisch oder setzten leichtfertig Ihre Karriere aufs Spiel! Steffi Graf und tausende anderer Frauen machen es genauso wie Sie!

Es ist einfach wunderbar, mit einem Kind zusammenzuleben! Berufen Sie sich auf Steve Biddulph, den bekannten australischen Familientherapeuten, der sich mit Nachdruck gegen die Fremdbetreuung von Kindern ausspricht. Sein Credo: Wozu haben Sie denn das Kind bekommen, wenn Sie es fremdbetreuen lassen? Leben wir etwa in einer Kuckucksgesellschaft, in der man anderen sein Junges ins Nest legt? (siehe Biddulph 2000, Seite 113 f.)

Es ist einfach wunderbar, mit einem Kind zusammenzuleben und es aufwachsen zu sehen.

Trotzdem: Steve Biddulph ist ein Mann. Er weiß nicht, was es wirklich heißt, allein mit einem Säugling oder Kleinkind Tag für Tag allein zu Hause zu sein, denn er übt einen privilegierten Beruf aus – genau wie ich. Die Lebensweise der meisten Menschen indes beruht auf ökonomischen Zwängen, und es wäre unfair, wenn wir die Probleme von Kindern und Familien, die von eben diesen Zwängen verursacht sind, allein auf die Berufstätigkeit von Müttern zurückführten. (Nebenbei bemerkt: Die Wirtschafts-weise unserer Gesellschaft ist keineswegs ohne Alternative, und wir alle, ob wir Kinder haben oder nicht, tragen Verantwortung für unsere Lebensweise.) Misshandlung und Vernachlässigung findet vielfach gerade dort statt, wo die Mütter zu Hause sind – es sind überforderte Eltern, die ihre Aufgabe nicht bewältigen. Ganztagsbetreuung und Ganztagsschulen wären für viele der betroffenen Kinder eine Rettung! Wir müssen uns aber auch fragen, was das für eine Kultur ist, die Eltern zu solchen Monstern werden lässt? Vergleichen wir unser Leben mit dem der Menschen auf den Trobriand-Inseln, finden wir die Antwort schnell: Für unsere so genannte Zivilisation zahlen wir einen hohen Preis.

Andererseits tragen wir Eltern auch den Keim für eine neue Kultur in uns. Unsere Kinder sind unsere Zukunft! Welche Fähigkeiten brauchen sie, um die Zukunft zu meistern und das Leben weiterzugeben? Und in welchen Zusammenhängen werden sie diese Fähigkeiten entfalten?

Ich möchte Ihnen einen Rat geben: Entscheiden Sie, was eine Berufstätigkeit angeht, nach Ihrem Herzen, wenn Ihre finanzielle Situation das zulässt. Gestalten Sie Ihr Leben so, dass Sie die großtmögliche Erfüllung bekommen, dass Sie zufrieden sind. Wie sieht so ein Leben für Sie persönlich aus? Lassen Sie alle Argumente beiseite, und blicken Sie nur auf ein imaginäres Leben, in dem Sie zufrieden sind. Skizzieren Sie dieses Leben in einem Bild oder schriftlich. Versetzen Sie sich gedanklich in dieses Bild – stimmt es wirklich? Ist es das, was Sie wollen?

Gestalten Sie Ihr Leben so, dass Sie die größtmögliche Erfüllung finden – auch im Hinblick auf Beruf und Karriere.

Überlegen Sie jetzt gemeinsam mit Ihrem Partner und Ihren Freunden und Verwandten, welche Möglichkeiten es gibt, dieses Traum-Leben Realität werden zu lassen, Schritt für Schritt. Das Buch *Wishcraft* kann Ihnen dabei helfen (siehe Barbara Sher 2001)

Zum Schluss möchte ich Ihnen meine persönliche Vision verraten. Ich träume davon, dass wir wieder mehr Gemeinschaft üben und die Vereinzelung überwinden: Junge Familien ziehen zusammen und unterstützen sich gegenseitig. Kinder spielen miteinander, Mütter reden miteinander und Väter tauschen sich aus über das, was schwierig ist, und das, was Freude macht. Die Aufgaben in Haus und Hof werden gemeinsam erledigt.

Einige Mütter (und Väter) sind außerhalb dieser Gemeinschaft berufstätig, die anderen versorgen unterdessen die Kinder. Einige Ehepaare ohne Kinder und Singles gehören ebenfalls zu dieser großen Familie und übernehmen Aufgaben, die ihnen Spaß machen. Es gibt Wahl-Großeltern und Patenschaften. Die Töchter und Söhne haben viele Vorbilder, Konflikte werden konstruktiv gelöst, die Kinder lernen unterschiedliche Lebensentwürfe und Werte kennen. Jeder kann seine Fähigkeiten einbringen und Hilfe erhalten für das, was nicht gelingt. Mitmenschlichkeit ist dort ein wichtiges Thema.

Wenn Mädchen ihre Mutter verlieren

Wenn die Mutter nach einer Trennung oder Scheidung die Familie verlässt oder wegen einer Krankheit oder als Folge eines Unfalls stirbt, ist das für jedes Kind eine sehr schwierige Situation. Während der kleine Junge seine erste große Liebe verliert, verliert das kleine Mädchen nicht nur die erste Liebe, sondern auch die Identifikationsfigur.

»Was soll ich nur tun?«, werde ich von verzweifelten Vätern immer wieder gefragt. Meine Antwort: Trauern. Der Verlust eines Menschen ist immer schmerzhaft, wenn man jedoch nicht traurig darüber sein darf, ist er unerträglich. Die Tatsache, dass es Männern in der Regel schwer fällt, Gefühle wie Trauer und Angst zu zeigen, verunsichert gerade kleine Mädchen. Reden Sie daher mit Ihrer Tochter über Gefühle, aber zeigen Sie auch, dass Sie in der Lage sind, Probleme zu lösen und mit Gefühlen umzugehen.

Wenn Sie in einer Gruppe über Ihre Trennung und Ihren Verlust reden können, ist damit nicht nur Ihnen, sondern auch Ihrer Tochter geholfen. Es gibt Bilderbücher und Kinderbücher, die sich mit Trennung und Tod befassen. Lesen Sie gemeinsam solche Bücher. Weinen Sie gemeinsam. Hängen Sie ein Foto der Mutter auf, auch wenn Sie ihr (im Fall einer Scheidung) böse sind. Ihre Tochter stammt zur Hälfte von ihr ab, deshalb ist es wichtig, ihre Mutter zu achten. Reden Sie nicht schlecht über die Mutter Ihrer Tochter, aber reden Sie über Erinnerungen und schöne Erlebnisse. Als *Eltern* bleiben Sie immer miteinander verbunden – wohin Sie Ihr Weg als *Ehepartner* auch führen mag.

Wenn Ihre Frau gestorben ist, sollten Sie gemeinsam mit Ihrer Tochter regelmäßig das Grab besuchen. »Ich halte es für einen großen Fehler, Kinder nicht mitzunehmen zu Beerdigungen. Eine Beerdigung ist der Ort und der Zeitpunkt des Abschiednehmens. Sicher, da wird geweint – und das ist gut so! Warum sollen Kinder denn nicht sehen, dass Erwachsene trauern … Wer sagen kann, dass der Körper wieder zu der Erde wird, aus der wir gemacht sind, die Seele aber bei Gott geborgen ist, wird einem Kind … Ruhe und Zuversicht geben …« (Käßmann 2001; Seite 52)

Reden Sie niemals schlecht über die Mutter Ihrer Tochter – auch wenn Sie ihr wegen einer schmerzhaften Trennung böse sind.

Wenn Sie sich nach einer Trauerphase, die in vielen Religionen ein Jahr dauert, wieder neu verlieben, gilt, was ich auf Seite 160 f. über neue Partnerschaften schreibe.

Väter und Töchter

Der Vater ist der »erste Mann im Leben« des Mädchens und hat eine wichtige Aufgabe. Er repräsentiert das Männliche, das faszinierend Andere, und besitzt damit eine Vorbild-Funktion. Jeder Mann, der im Leben Ihrer Tochter eine Rolle spielen wird, muss den Vergleich mit Ihnen als Vater antreten. Besteht eine sehr intensive, gute Beziehung zwischen Ihnen und Ihrer Tochter, wird sie später vermutlich einen Mann wählen, der Ihnen ähnelt. Manchmal wählen Töchter jedoch auch den gegensätzlichen Typ, weil sie eine Herausforderung suchen.
Jede Frau, die schlechte Erfahrungen mit ihrem Vater gemacht hat, wird nach einem Mann suchen, der »ganz anders« ist – und sich manchmal dann oft doch in einem ähnlichen, aus der Kindheit bekannten Muster wiederfinden. Wenn belastende Beziehungen nicht aufgearbeitet und Verstrickungen nicht gelöst werden, wiederholen sich Abhängigkeiten von Generation zu Generation. So weiß man zum Beispiel, dass missbrauchte Mädchen häufig Ehen eingehen, in denen sie und/oder ihre Töchter missbraucht werden.

Der »positive Vaterkomplex« (siehe Seite 34) zeigt sich bei Mädchen darin, dass sie ihren Vater bewundern und über alles lieben, sie passen sich ihm gern an und tun vieles ihm zuliebe. Umgekehrt ist der Vater sehr stolz auf seine Tochter und spornt sie immer wieder an.

Der Vater ist der ›erste Mann im Leben‹ seiner Tochter und hat deshalb besondere Aufgaben zu erfüllen.

Wichtig ist auch hier, dass in der Pubertät eine Ablösung vollzogen wird. Sonst passt sich das weibliche Kind lebenslang dem Männlichen an und entwickelt keine eigene Identität. Das

Selbstwertgefühl einer so geprägten Frau wird von der Bewunderung durch Männer abhängen. Man kann sich das Drama leicht ausmalen, wenn solch ein Kind seinen Vater oder solch eine Frau ihren Mann verliert.

Wer als Kind nicht die Erfahrung der gleich bleibenden Elternliebe macht, wird in seinem Selbstwertgefühl zutiefst verletzt. Und wer sich selbst als nicht wertvoll empfindet, stellt sich unbewusst als Opfer zur Verfügung, denn er »hat ja nichts Besseres verdient.«

Jeder Mensch kann sich jedoch aus solchen Mustern befreien, wenn sie ins Bewusstsein gelangen und unter Umständen auch mit Hilfe einer Therapie geheilt werden. Auf diese Weise werden die nachfolgenden Generationen nicht belastet.

Mein eigener Vater hat mich bis heute geprägt. Er war ein grundgütiger Mensch, der uns Kindern immer das Gefühl gab, gewollt und mit zahlreichen Talenten ausgestattet zu sein. Er hat sich viel Zeit für uns genommen. Wenn ich mich frage, wie es möglich war, dass mein Vater so liebevoll war, fällt mir ein, dass er selbst seinen Vater früh verloren hat. Dieses Schicksal wollte er uns ersparen! Außerdem ist er zwischen lauter Mädchen aufgewachsen. Insofern hat er vielleicht so manche weibliche Verhaltensweise übernommen. Und noch etwas: Er musste nie in den Krieg ziehen.

Heute erkennen zum Glück viele Väter, dass sie im Leben ihrer Kinder eine entscheidende Rolle spielen. Etwas amüsiert las ich neulich in einer Zeitschrift, dass sich sogar Parfum-Hersteller über das neue Männerbild Gedanken machen. »Männer brauchen ihre Männlichkeit heute nicht mehr zu beweisen«, lese ich dort. »Ihre soziale Einstellung hat sich geändert, sie engagieren sich auch zu Hause, in der Familie.« Deshalb dürfen sie nun auch ein wenig femininer duften!

Wissen Sie, was für ein Vatertyp Sie sind? Nicky Marone trifft folgende Unterscheidungen:

- *Der autoritäre Vater*

Dieser Typ verbreitet die Botschaft, dass die Frau sich dem Mann unterzuordnen hat – das sei nun mal »natürlich«. Es erfordert keinerlei prophetische Gabe, um zu erkennen, dass hier die Gefahr besteht, ein »Opfer« großzuziehen. Wenn dieses Mädchen nicht eine kämpferische, rebellische Mutter hat, wird es ihr schwer fallen, sich Männern mit schlechten Absichten zu widersetzen.
Sollten Sie sich in diesem Vatertyp wiedererkennen, sollten Sie sich ernsthaft fragen, ob es wirklich geboten ist, auf Ihrer Autorität zu beharren. Wäre es nicht besser, Ihrer Tochter viele Entscheidungen auch selbst zu überlassen? Sie würden sich dadurch näher kommen, und Ihre Tochter würde lernen, dass sie sich mit Einsatz, Intelligenz und Geschick auch allein durchsetzen kann.

- *Der weiche Vater*

Dieser Typ wird von seiner Tochter vergöttert. Gleichzeitig wird sie ihn manipulieren und um den Finger wickeln: »Wenn Mama Nein gesagt hat, kann ich bei Papa vielleicht doch noch eine Menge erreichen ...« So besteht die Gefahr, dass Ihre Tochter lernt, männliches Verhalten durch »weibliche List« zu manipulieren. Im späteren Leben wird ihre Tochter viele Enttäuschungen erleben, wenn sie erfährt, dass andere Männer nicht darauf eingehen und der Augenaufschlag oder die Tränen nichts bewirken. Der weiche Vater ist ein guter Vater, wenn er seiner Tochter zeigt, dass es Regeln und Grenzen gibt und sich Mutter und Vater nicht gegeneinander ausspielen lassen. Indem er seiner Tochter seine bedürftige und gefühlvolle Seite zeigt, gewinnt sie viel Vertrauen und wird ihren Vater auch später um Rat fragen. Wenn Sie sich als Vater dieser Kategorie zurechnen, dann zeigen Sie Ihrer Tochter, dass es sich lohnt, eigene Ziele mit Argumenten anzugehen statt mit Emotionen.

- *Der Freund*

Die tiefe Zuneigung, die dieser Vatertyp zu seiner Tochter empfindet – und umgekehrt – kann als Modell jeder Vater-Tochter-Beziehung gelten. Wenn sich ein Vater ehrlich um seine Tochter bemüht, gern mit ihr zusammen ist und sie dies auch spüren lässt, wird er ihr das Gefühl geben, ein würdiger und wertvoller Mensch zu sein. Einige Männer glauben, dass ein Vater, der gleichzeitig Berater und Freund ist, schwach sei. Das Gegenteil ist der Fall. Solche Väter sind stark, denn sie begegnen ihrer Tochter mit Respekt, Anerkennung und Liebe – die besten Voraussetzungen für eine vertrauensvolle Beziehung.

- *Mischformen*
  Die meisten Väter sind eine Mischung aus den beschriebenen Typen. Selbst wenn wir in Rechnung stellen, dass auch die Mutter eine entscheidende Rolle spielt und das Mädchen etwas Eigenes mitbringt, sollten doch alle Väter über Nicky Marones »Prophezeiungen« nachdenken: »Seien Sie autoritär, und sie fördern Unterwürfigkeit. Seien Sie Wachs in ihren Händen, und Sie lehren Manipulation. Seien Sie Ritter in der glänzenden Rüstung, und Sie erzeugen Abhängigkeit. Seien Sie Mensch, Berater, Freund und Vater, der bewusst und sensibel genug ist, um sein Verhalten auf den Augenblick abzustimmen, und Sie erziehen eine Frau, die an sich selber glaubt und darauf vertraut, Hindernisse mit Würde und Anstand überwinden zu können.« (Marone: Gute Väter… ; Seite 35 f.)

Wissenschaftliche Studien bestätigen, was sich jeder leicht vorstellen kann: Mädchen, deren Vater viel Zeit mit ihnen verbringt und die sich von ihm anerkannt und bestätigt fühlen, erleben später nicht nur häufig glückliche Partnerschaften, sondern stehen auch sonst erfolgreich im Leben.

Der abwesende Vater

Cora ist eine Bekannte von mir. Ihren Vater, einen in Deutschland stationierten US-Soldaten, hat sie nie gesehen. Doch Zeit ihres Lebens hat sie sich nach ihm gesehnt. In ihrer Phantasie hat sie ihren Vater gefunden, in der Realität ist das nicht möglich. Kinder können auch ohne Vater glücklich werden, das schon. Trotzdem wird ihnen immer etwas fehlen. »Da bleibt eine Lücke in der eigenen Biographie«, sagt Cora.

Eine solche Empfindung äußern auch adoptierte Kinder, die sich im Erwachsenenalter auf die Suche nach ihrer leiblichen Mutter machen, und in jüngster Zeit war im Zusammenhang mit der Diskussion über die so genannten »Babyklappen« häufiger die Forderung zu vernehmen, wonach jedem Kind das Recht zugestanden werden müsse, seine Mutter bzw. seine Eltern zu kennen. Wie auch immer die Umstände im Einzelnen beschaffen sein mögen – die leibliche Mutter und/oder den leiblichen Vater nicht zu kennen, ist sehr schmerzhaft und erschwert die Ausbildung einer selbstbewussten Identität.

Zwar können Kinder auch ohne Vater glücklich werden, dennoch werden sie diesen Mangel immer als Lücke in der eigenen Biographie empfinden.

Nun geht das Schicksal immer eigene Wege, und dennoch ist generell jedes Kind in der Lage, das Beste aus den gegebenen Umständen und Talenten zu machen. Wenn Sie Ihre Tochter ohne Vater aufziehen müssen, ist es wichtig, dass sie andere männliche Bezugspersonen hat. Zum Beispiel ihren Großvater, einen netten Nachbarn, einen Musiklehrer oder Sport-Trainer. Diese Beziehungen müssen freiwillig eingegangen werden und ergeben sich manchmal auch ganz von selbst. Vielleicht hat Ihre Tochter zum Beispiel eine Freundin mit Brüdern oder einem sehr engagierten Vater, vielleicht gibt es in Ihrem Kindergarten einen netten Zivildienstleistenden, oder sie hat Glück und bekommt einen netten und verständnisvollen Klassenlehrer.

Wenn Sie als Mutter sich in einen anderen Mann verlieben und eine neue Beziehung eingehen, ist es wichtig, dass Ihnen beiden bewusst ist, dass dieser Mann nicht der Vater Ihrer

Tochter ist. Er kann ein guter Freund Ihrer Tochter werden, aber niemals ihr Vater. Deshalb sollte dieser Mann Ihre Tochter auch nicht erziehen dürfen – das ist und bleibt Ihre Aufgabe. Natürlich müssen in einer solchen Situation gemeinsam neue Regeln des Zusammenlebens erarbeitet werden – und zwar von allen Beteiligten gemeinsam. In keinem Fall darf das aber dazu führen, dass Ihr neuer Partner über Ihr Kind bestimmt. Im Hinblick auf die Reaktion Ihrer Tochter sollten Sie stets bedenken, dass Liebe nicht erzwungen werden kann und Zwang und Liebe sich widersprechen. Das gilt sowohl für den neuen Partner als auch für Sie und Ihre Tochter. Was Sie jedoch erwarten dürfen, ist ein respektvoller Umgang miteinander, wobei der Erwachsene stets das Vorbild abgibt.

Eine neue Partnerschaft von Mutter oder Vater ist für die meisten Kinder ein Problem. Um ihre Eltern zu schonen, sprechen sie das aber meist nicht offen aus.

Kürzlich schrieb mir eine verzweifelte Mutter, ihre zwölfjährige Tochter sei stur, egoistisch und ohne jedes Einfühlungsvermögen. Ihrem neuen Partner würde sie die »kalte Schulter« zeigen. Was soll dieses Mädchen denn tun? Sich freuen, dass ihre Mutter frisch verliebt ist? Sich in einen Mann einfühlen, der nicht ihr Vater ist?

Ich finde, das ist zu viel verlangt. Eine neue Partnerschaft ist für die meisten Kinder ein Problem. Um Mutter bzw. Vater zu schonen, sprechen sie das oft nicht aus. Sie können Ihrem Kind in einer solchen Situation wirksam helfen, wenn Sie Folgendes beachten:

- Auch nach einer Trennung/Scheidung bleiben Sie Eltern und sind für das Kind Mutter und Vater – unabhängig davon, wie Sie sich mit Ihrem ehemaligen Partner verstehen.

- Jedes Kind hat ein Recht darauf, Vater und Mutter zu lieben und von beiden zu lernen. Solange die Kinder klein sind, sollten die Eltern bestimmen, bei wem das Kind lebt und was für das Kind gut ist.
- Die Streitigkeiten der Eltern gehen die Kinder nichts an. Kinder dürfen weder zu Spionen noch zu Ersatzpartnern missbraucht werden. Wenn Sie sich als Mutter oder Vater im Unrecht fühlen, schreiben Sie Ihre Geschichte aus Ihrer Sicht für Ihr Kind auf. Wenn es erwachsen ist, kann es diese Geschichte lesen und sich so selbst ein Bild von der Situation machen.

Geschwister sind das Salz in der Suppe

Die deutsche Familie hat im statistischen Durchschnitt zurzeit nicht einmal mehr 1,5 Kinder, wobei die Entscheidung für oder gegen ein zweites Kind in der Regel nach der Geburt des ersten fällt.

Aus vielen Untersuchungen ist bekannt, dass Einzelkinder keineswegs die »Macken« haben, die man ihnen früher nachgesagt hat. Einzelkinder müssen nicht verwöhnt, altklug oder gar sozial inkompetent sein, denn heute hat jedes Kind Gelegenheit, Erfahrungen in einer Gruppe zu machen und durch Freundschaften andere Kinder und deren Familien intensiv kennen zu lernen. Ein Kind muss also keine Geschwister haben, um sozial kompetent handeln zu können. Hat es aber Geschwister, prägen diese sein ganzes Leben – und zwar unabhängig vom Einfluss und den

Geschwister prägen ein Kind sein Leben lang – und das unabhängig vom Einfluss und den Erwartungen der Eltern.

Wünschen der Eltern. Nehmen wir einmal an, Ihr erstes Kind ist ein Mädchen. Wenn ein zweites Kind geboren wird, ändert sich das Leben dieses Mädchens auf entscheidende Weise. Ist das zweite Kind zum Beispiel wieder ein Mädchen, ist die Gefahr, dass die beiden miteinander konkurrieren, groß. Besonders dann, wenn der Abstand weniger als drei Jahre beträgt. Gleichgeschlechtliche Kinder müssen sich vor den Eltern voneinander unterscheiden und schlüpfen meist automatisch in unterschiedliche Rollen.

Vielleicht ist das erste Kind »das Vernünftige«, dann wird es dem zweiten schwer fallen, ebenfalls vernünftig zu sein oder diese Eigenschaft in den Vordergrund zu stellen. Es wird dann vielleicht »das Süße« oder »das Freche« oder »das Sportliche«. Solche Rollenaufteilungen sind alltäglich, und niemand kann sich dem ganz entziehen. Wenn Sie sich als Eltern jedoch darüber klar werden und sich bewusst machen, welche Rolle Sie Ihrem ersten Kind zugewiesen haben, können Sie besser damit umgehen und auf Herausforderungen und Probleme entsprechend reagieren. Sie werden sich dann hüten, diese Eigenschaften durch Bemerkungen festzuschreiben.

Auch älteste Kinder sind Kinder und möchten verwöhnt werden.

Die ältesten Kinder sind immer »die Großen« – und kommen aus dieser Rolle nicht heraus. Das ist anstrengend und macht bisweilen auch wütend! Lassen Sie daher Ihr großes Kind auch mal wieder klein sein, verwöhnen Sie es ein wenig, und haben Sie Verständnis für seine Trauer und Wut!

Älteste Mädchen schlüpfen oft in die Rolle des Babysitters oder sind »Mamas große Hilfe«. »Es wurde mehrfach nachgewiesen, dass jüngere Geschwister sich häufiger mit Bitten um Hilfe, Trost oder Zuwendung an ältere Geschwister wenden, wenn es sich bei diesen um ein Mädchen handelt; in besonderem Maß gilt dieser Befund für Schwestern. Ältere Schwestern kümmern sich im Allgemeinen auch insgesamt freundlicher und fürsorglicher um das jüngere Geschwister als ältere Brüder.« (Deutscher Familienverband 1999; Seite 247) Das mag für eine Weile in Ordnung sein und das älteste Kind mit Stolz erfüllen – auf Dauer ist diese Rolle aber eine Überforderung. Auch älteste Kinder sind Kinder und möchten manchmal verwöhnt werden!

Erfreut habe ich festgestellt, dass auch Margot Käßmann meine Auffassung teilt, man verwöhne ein Kind, wenn es alles sofort bekommt, was es sich wünscht. »Aber grundsätzlich halte ich Verwöhnen nicht für schlimm ... Verwöhnen meint Liebe, die das Kind spürt, das Bewusstsein, ich bin geborgen, alle wollen das Beste für mich. Solches Verwöhnen macht stark!« (Käßmann 2001; Seite 176)

In manchen Familien mit zwei Kindern ist eines »Papas Kind« und das andere »Mamas Kind«. Sympathien lassen sich nun mal nicht völlig aus der Welt schaffen – aber hüten Sie sich davor, eine solche Sichtweise festzuschreiben. Eine der wichtigsten Regeln für das Zusammenleben in einer Familie lautet: Die Generationsgrenzen dürfen nicht überschritten werden. Wenn sich Mutter und Sohn gegen Vater und Tochter verbünden (oder umgekehrt), kommt nichts Gutes dabei heraus! Durchbrechen Sie solche Zuordnungen bewusst, indem Sie mit dem betreffenden Kind gezielt etwas allein unternehmen oder sich abends länger an sein Bett setzen und ihm zuhören. Auch dieses Kind braucht Sie!

Wer zwei Mädchen hat, kann sich bald darüber freuen, dass die beiden wahrscheinlich bald sehr schön zusammen spielen werden. Das erspart den Eltern Unruhe und Ärger. Ein Junge und ein Mädchen spielen in der Regel nicht so gut zusammen.

Wenn Sie jedem der Mädchen erlauben, seine Einzigartigkeit zu entfalten und es so annehmen, wie es ist, wird sich auch der Streit der Geschwister in Grenzen halten. Und wenn Sie mit

Ihren Töchtern gemeinsam die Geschichte von »Madita« (siehe Seite 91) lesen, haben Sie alle ein gutes Vorbild, auch was Streit und Versöhnung angeht.

Sind in einer Familie drei Mädchen oder mehr, jedoch kein Junge, ist es sehr wahrscheinlich, dass eines der Mädchen die Jungenrolle übernimmt. Dieses Kind wird eine Menge männlicher Eigenschaften entwickeln, denn es bemüht sich unbewusst nach Kräften, den nicht vorhandenen Sohn zu ersetzen. Wenn Sie darunter leiden, keinen Sohn zu haben, ist es besser, dies mit Ihren Kindern im entsprechenden Alter zu erörtern, statt immerfort unter diesem »Mangel« zu leiden, ihn aber totzuschweigen. Sagen Sie zum Beispiel: »Ja – wir hätten auch gern einen Sohn gehabt. Aber jetzt haben wir gesunde Mädchen, und das ist gut so. Niemand von euch muss hier den Jungen spielen. So, wie ihr seid, seid ihr wunderbar und in Ordnung.« Kinder fühlen das Innenleben ihrer Eltern sehr genau – und sie sind immer bemüht, es den Eltern recht zu machen. Auch wenn das nach außen oft nicht so aussieht.

Blieb Ihr Wunsch nach einem Sohn unerfüllt, macht es keinen Sinn, das als Mangel zu beklagen, denn Ihre Töchter werden dadurch unter Druck gesetzt.

Ist das zweite Kind ein Junge, wird Ihre Tochter die Möglichkeit haben, das Männliche von klein auf zu studieren. Das wird ihre Kompetenz erhöhen. Die Art und Weise, mit der Sie als Eltern auf dieses männliche Kind reagieren, wird Ihre Tochter ebenfalls spürbar beeinflussen. Wird der Junge zum Beispiel seiner Schwester für alle sichtbar vorgezogen, oder ist er der Liebling aller – solche Kinder gibt es ja! – wird es Ihre Tochter schwer haben, zu ihrer Weiblichkeit zu stehen. Gelingt es Ihnen jedoch, jedem Kind mit all seinen Eigenschaften das Gefühl zu vermitteln, geliebt und anerkannt zu sein, wird sich Ihr Familienleben harmonisch entfalten. Natürlich wird es viele Konflikte geben – aber sie werden sich in der Regel lösen lassen, weil die Grundvoraussetzungen stimmen.

Haben Sie als ältestes Kind einen Sohn, auf den eine Tochter folgt, hat die Kleine das Glück, einen »großen Bruder« Ihr Eigen zu nennen. Das allerdings nur dann, wenn dieser Sohn einen anerkannten Platz in der Familie einnimmt und nicht um die Liebe der Eltern kämpfen muss. Eifersucht ist ein nachvollziehbares und berechtigtes Gefühl. Es ist nicht sinnvoll, Eifersucht zu unterdrücken, sondern notwendig, offen darüber zu reden. Wenn Ihr Sohn eifersüchtig sein darf und Sie ihn darin trösten, muss er die kleine Schwester nicht heimlich ärgern. Sagen Sie zum Beispiel: »Ich weiß, es ist schwer für dich. Früher hatte ich alle Zeit für dich, und jetzt muss ich mich auch um deine Schwester kümmern. Ich verstehe, dass du manchmal eifersüchtig bist. Das ist ganz normal. Aber du musst wissen: Nur du hast so schöne braune Augen. Und nur du kannst so schnell laufen. Du bist ganz anders als deine Schwester, und ich habe jeden von euch beiden auf besondere Weise lieb. So wie du Papa und Mama lieb hast.«

Eifersucht unter Kindern sollten Sie nicht unterdrücken, sondern zum Anlass für ein klärendes Gespräch nehmen.

Wenn Sie jedes Kind mit Achtung und Respekt behandeln und mit seinen Eigenschaften wertschätzen, werden die beiden sehr viel voneinander lernen und ihr Leben lang davon profitieren.

Haben Sie schon mehrere Söhne und als Nesthäkchen ein Mädchen, wird diese immer etwas Besonderes sein. Das muss nicht heißen, dass es seinen Brüder vorgezogen oder besser behandelt wird. Lesen Sie dazu das Grimm'sche Märchen *Die Zwölf Brüder*!

Im umgekehrten Fall gilt das natürlich auch: Wenn Sie schon mehrere Mädchen haben, ist der nachgeborene Sohn etwas Besonderes.

Die folgende wahre Geschichte soll verdeutlichen, wie ein Konflikt von einer Generation zur nächsten weitergegeben wird, bis sich jemand findet, der sich das Problem bewusst macht, um es zu lösen.

Eine Mutter hat zwei Söhne. Als sie mit dem dritten Kind schwanger ist, geht sie zu einer Wahrsagerin. Die rät ihr, das Kind nicht zu bekommen, denn mit seiner Ankunft würde der Vater gehen. Die Frau bekommt ein gesundes Mädchen, und der Vater stirbt im gleichen Jahr an einer harmlosen Operation. Die Frau ist außer sich vor Trauer und außerdem durch den Verlust des »Ernährers« bitter arm. Sie muss arbeiten gehen und das kleine Mädchen den Tag über sich selbst und den Brüdern überlassen. Das Mädchen liebt seine Brüder, vermisst den Vater und leidet an der völlig überforderten, überarbeiteten und hasserfüllten Mutter. Sie wird häufig geschlagen, ja misshandelt. Das Mädchen wächst heran, aber es ist Krieg, und beide Brüder sterben. Als erwachsene Frau ist sie lange auf der Suche nach einem Mann, der den Brüdern ähnelt, bis sie ihn findet und heiratet. Sie bekommt eine Tochter, die sie ebenso misshandelt, wie sie selbst misshandelt wurde. Mutter und Tochter sind wieder durch großen Hass voneinander getrennt. Weil inzwischen Frieden eingekehrt und die gröbste Armut gewichen ist, kann die Tochter die Beziehung zu ihrer Mutter jedoch aufarbeiten; sie ergreift einen heilenden Beruf und beginnt eine Therapie. Auf diese Weise wird der schmerzliche Kreislauf durchbrochen.

In jedem Problem steckt ein Geschenk, das es zu entdecken gilt.

In manchen Familien wird über Angehörige, die gestorben sind, nicht gesprochen. Nachfolgende Generationen stoßen auf solche und andere Familiengeheimnisse und leiden darunter, wenn sie nicht offenbart und betrauert werden. Wenn Sie in Ihrer Familiengeschichte auf ausgestoßene, vergessene oder nicht betrauerte Menschen stoßen, kann eine Familienaufstellung helfen, um diesen Menschen einen angemessenen Platz in Ihrem Herzen zu geben.

Es ist gerade auch für Eltern wichtig zu wissen, dass das Schicksal nicht beliebig beeinflussbar ist. Wir können nie die ganze Fülle des Lebens unter Kontrolle haben. Auf so manche Frage, die mir gestellt wird, finde ich deshalb keine Antwort. Es sind schwierige Fragen, die uns oft lange begleiten und uns viel Kopfzerbrechen bereiten:

- Wann sollen wir ein zweites Kind planen?
- Schadet es unserer Tochter, dass ihr Bruder behindert ist?
- Wir haben schon drei Mädchen, und ich wünsche mir so sehr einen Sohn! Wie kann ich damit umgehen?

Es scheint mir sinnvoller zu sein, das Geschenk zu entdecken, das in jedem Problem enthalten ist. Es ist, wie es ist – aber was Sie daraus machen, ist Ihre Sache.

Zum Schluss

Nun, da Sie dieses Buch lesen, ist meine eigene Tochter fast erwachsen. Wenn ich an den Tag ihrer Geburt zurückdenke und ihren Lebensweg verfolge, überkommt mich ein ehrfürchtiges Staunen. Indem ich auf unser Zusammenleben zurückblicke, entdecke ich die Einzigartigkeit, die sie mitbrachte und bis heute entfaltet.

In den ersten Jahren war unsere Beziehung sehr intensiv: Ich war ein Jahr lang nicht berufstätig und habe es sehr genossen, »nur« Mutter zu sein. Diese Auszeit wurde mir von einer Freundin ermöglicht, die mich finanziell unterstützt hat. Dafür werde ich ihr ewig dankbar sein.

Anschließend kam meine Tochter halbtags zu einer Tagesmutter und in eine kleine Gruppe mit wenigen anderen Kindern. Sie ist gern dort gewesen, und unsere Beziehung »stimmte« auch während dieser Zeit. Ich habe sie immer noch gestillt, vor allem nachts.

Bis ins Schulalter schlief meine Tochter nicht durch und brauchte jemanden, der sie beim Einschlafen begleitete. Zu ihrer Großmutter hatte sie eine gute Beziehung, und deshalb konnte ich meinen Beruf wieder ausüben und die vielen Fortbildungen relativ problemlos absolvieren. Einige Mitmenschen haben mir prophezeit, dieses »verwöhnte Kind« werde nie selbstständig werden. Mit drei noch am Mutterbusen! Ich hätte mich aber gar nicht anders verhalten können. Ich musste meinen Gefühlen folgen.

Im Alter von drei Jahren kam sie in den Kindergarten, die Villa Anna in Berlin. Sehr viele schöne Erinnerungen, ein buntes Seidenkissen und ein inzwischen zerfleddertes Fotoalbum, ihr Abschiedsgeschenk, begleiten sie bis heute. Dort fand sie auch ihre ersten Freundinnen.

Ich habe mich mit meiner Tochter gestritten, seit sie ihre ersten Schritte machte. Ich weiß noch, wie sie mit Fäusten auf mich losging, als einmal die Eisdiele geschlossen hatte! Beide wussten wir jedoch immer – und wissen es bis heute –, dass wir uns nie wirklich böse werden können. Bei aller Verschiedenheit zwischen uns ist die Verbindung einfach zu tief.

Nach unserem Umzug nach Schleswig-Holstein war vieles anders, aber besonders für meine damals vierjährige Tochter besser. Das Leben mit Tieren und in der Natur machte sie sichtbar froh. Sie weigerte sich zuerst, in den Kindergarten zu gehen – und nachdem ich sie dorthin begleitet hatte, musste ich ihr Recht geben. Sie blieb also zu Hause und schaffte es, allein zu spielen, wenn ich zu Hause arbeitete. Später, als eine neue Leiterin den Kindergarten übernahm und sich dort alles zum Guten veränderte, ging sie gern wieder hin.

In diesem Alter war meine Tochter extrem unordentlich. Ihr Zimmer war ein einziges Chaos! Seit einigen Jahren hat sie ein sehr schönes, selbst gestrichenes und aufgeräumtes Zimmer, ja, sie räumt sogar die Kleiderschränke und Schminksachen ihrer Freundinnen mit Freude auf und putzt für Geld in unserem Haushalt. Das tun meine Söhne allerdings auch. Wie kommt das? Ich weiß es nicht! Ich beobachte es nur. Als Mutter habe ich ganz sicher nichts dazu beigetragen. Ich habe meine Kinder einfach nur begleitet. Auf diese Weise habe ich gelernt, meiner Tochter zu vertrauen. Mit sechs Jahren hat sie allein ihr Fahrrad gestrichen. Es musste sein! Ich habe bis zu ihrem zehnten Lebensjahr viel an ihrem Bett gesessen und regelmäßig Schlaflieder gesungen, weil sie sich das so sehr wünschte. Ich glaube, dass ihr diese Sicherheit so viel Selbständigkeit ermöglicht hat. In den folgenden Jahren spielte ich als Mutter nur noch eine Nebenrolle. Das drückte sich symbolisch dadurch aus, dass sie auf einem galoppierenden Pferd stehen konnte. Mit ausgebreiteten Armen und einem Lächeln auf dem Gesicht. Solche Bilder vergisst man nicht.

Heute ist meine Tochter fast fünfzehn, findet mich ziemlich überflüssig und hat sich entschlossen, im Sommer für ein Jahr nach Frankreich zu gehen. Zuerst war ich ziemlich entsetzt. Keiner ihrer Brüder ist so früh flügge geworden, und niemand hat das vorhersehen können.

Aber es ist, wie es ist. Und ich lasse sie ziehen!

Anhang

Fragebogen zur Selbsterfahrung

Mein Rat, bevor Sie beginnen, diesen Fragebogen auszufüllen: Kopieren Sie die folgenden Seiten – so können Sie Ihre Antworten zunächst für sich behalten. Außerdem kann Ihr Partner ebenfalls auf die Fragen antworten. Hierfür reicht es, auf den Kopien einfach die jeweils passenden Geschlechtsbezeichnungen einzusetzen.

Und wenn Sie alle Fragen beantwortet und ein Bild über sich gewonnen haben, können Sie mit Ihrer Tochter darüber reden. Dieses Gespräch wird ihr lange in Erinnerung bleiben.

Als ich ein Mädchen war, habe ich

nätsch ausgesehen. Ich war hellblond und fröhlich. Ich hatte einen Pony und

________ ausgesehen. gerne zwei Zöpfe. und Zahnlücken.

Meine Lieblingskleider waren

Jeans und T-Shirt. Ich mochte auch Latzhosen.

Ich besaß folgende Spielsachen und habe folgende Spiele gespielt

Meine Puppe hieß Gabi. Sie hatte schwarze Haare. Ich hatte viele Kleider für sie, die meine Mutter selbst gestrickt und genäht hat. Ich hatte auch ein Skateboard & ein Fahrrad, mit dem ich auf dem Hof im Garten [illegible] gemacht habe. Wir haben gerne „Achtung Achtung" gespielt. Und mit den selbstgemachten Frisuren (mit [illegible]

[illegible]

Ich war ein braves, wildes, energisches, selbstbewusstes

Ich war ein braves Mädchen.

______________ Mädchen. (Bitte entsprechend streichen oder ergänzen)

Ich fand es gut, ein Mädchen zu sein, weil

wir 6 Mädchen im Haus gewesen und nur 2 kleine Jungs waren da. Aber ich war die Jüngste von den 6 und sie haben mich oft ausgelacht

Ich fand es schwierig, ein Mädchen zu sein, weil

ich keinen Ball fangen konnte. Wie ich doch war als kleines Mädchen. Weil ich später heiraten sollte. Weil meine Eltern lieber einen Jungen gewollt hätten.

Ich durfte als Mädchen nicht

frech sein. schlimme Wörter sagen.
mich dreckig machen.

Ich hatte folgende Aufgaben und Pflichten

Tisch decken, abräumen, abwischen.
Wasser holen, Müll wegbringen, Wäsche aufhängen helfen, Einkäufe nach tragen, Abtrocknen

Meine Vorbilder waren

Madonna

Michael Groß

Mein Traum war

Model werden, Balletttänzerin werden

Berühmt werden

In meiner Phantasie dachte ich oft

Ich kann fliegen

An folgende verletzende Bemerkungen denke ich bis heute

Du bleibst im Regal

Von zwei Sachen das Falsche

Besonders traurig war ich

- wenn mich die großen Mädchen ausgelacht haben und wenn sie mich ‚Stubenhocker' genannt haben.
- Wenn mein Vater mich geschlagen hat.

Besonders toll fand ich

Fahrradfahren, Reiten, Schwimmen,
Springen (von Felsen ins Wasser)
Skifahren

Am meisten gelacht habe ich

- für andere (meine Oma, meine Mutter)

An Frauen mag ich besonders

Wärme & weiche Haut & Geruch

An Männern mag ich besonders

Stärke, starke Muskeln, Sportlichkeit
tiefe ~~Stimme~~ & volle schön klingende Stimme
Bartstoppeln, Geruch

Mit folgenden Gefühlen habe ich Schwierigkeiten

Traurigkeit, ~~allein~~ mich ausgeschlossen fühlen
Wut / Gebrüll / Gewalt
Angst

Jetzt würde ich gern

mit einem Mann kuscheln
nicht aufstehen müssen
Malen, Tanzen, Lachen, Skifahren, Sauna, Schwimmen, Kunst anschauen, Theater, Bücher lesen

In folgenden Situationen verhalte ich mich typisch weiblich

– Wenn ich von Männern toll gefunden werden möchte
–

An Mädchen mag ich besonders

– sie sind klug & witzig & haben viel
– sie sind hübsch, lange Haare, schöne Augen, hübsches Lachen

An Jungen mag ich besonders

– Sportlichkeit – ich brauche nicht reden
– sie sind unkompliziert
– sie riechen gut

An dir, meiner Tochter, mag ich

Sarah: Genuss, Gemütlichkeit, Wärme, schöne Augen & Lächeln, Ausstrahlung
Sophia: Lachen, Freundlichkeit, Eleganz, kluge pragmatisch, super Ausdrucksfähigkeit und Sprache

Ich wünsche mir, dass ~~du~~ ihr

Sarah & Sophia glücklich werdet und erfolgreich. Daß ihr den Beruf findet, der Euch Spaß macht, und den Mann, der Euch liebt und auf Händen trägt, und [illegible] Enk- und dass ihr gesund seid und ganz lange lebt.

Ich freue mich, dass du ihr

Sarah, so ein cooler selbstbewusster Mensch geworden bist.

Sophia, so ein cooler selbstbewusster Mensch geworden bist.

Ich bin sehr stolz auf Euch!

Literaturhinweise

ANGIER, NATHALIE: *Frau. Eine intime Geographie des weiblichen Körpers.* München: Bertelsmann 2000

BIDDULPH, STEVE: *Das Geheimnis glücklicher Kinder.* München: beustverlag 2002

BIDDULPH, STEVE: *Weitere Geheimnisse glücklicher Kinder.* München: beustverlag 2000

BIDDULPH, STEVE: *Jungen! Wie sie glücklich heranwachsen.* München: beustverlag 2003

BOND, GEOFF: *Natural eating – natürlich fit und gesund.* München: beustverlag 2001

BRETT, DORIS: *Anna zähmt die Monster. Therapeutische Geschichten für Kinder.* Salzhausen: Iskopress 2000

BRETT, DORIS: *Ein Zauberring für Anna. Therapeutische Geschichten für Kinder von 3 bis 8 Jahren.* Salzhausen: Iskopress 2000

DEUTSCHER FAMILIENVERBAND (HG.): *Handbuch Elternbildung.* Opladen: Leske und Budrich 1999

FOCKS, PETRA: *Starke Mädchen, starke Jungs. Leitfaden für eine geschlechtsbewusste Pädagogik.* Freiburg: Herder 2001

GILBERT, SUSAN: *Typisch Mädchen! Typisch Jungen! Praxisbuch für eine geschlechtsgerechte Erziehung.* Düsseldorf: Walter 2001

GRABRUCKER, MARIANNE: *Typisch Mädchen … Prägung in den ersten drei Lebensjahren. Ein Tagebuch.* Frankfurt: Fischer Taschenbuch Verlag 2000

GRIEBEL, WILFRIED & RÖHRBEIN, ANSGAR: *Was bedeutet es, Vater zu sein bzw. zu werden?* In: Handbuch Elternbildung, a.a.O. Seite 315 ff.

GRIMM, HANS-ULRICH & SABERSKY, ANNETTE: *Mund auf, Augen zu. Der Ernährungsratgeber für Eltern und Kinder.* München: Droemer 2002

GROSSMANN, K.E. & GROSSMANN, K.: *Kind-sein auf einer Südseeinsel – Kindliche Bindung in kulturvergleichender Sicht.* In: Ch.E. Gottschalk-Batschkus & J. Schuler(Hg.): Ethnomedizinische Perspektiven zur frühen Kindheit. Berlin: Verlag für Wissenschaft und Bildung 1996, S. 283 ff.

HILLIS, ANNE U.A.: *Lecker, lecker, lecker. Von der Muttermilch zum Kindermenü – gesunde Ernährungstips und schmackhafte Rezepte.* München: beustverlag 1999

JELLOUN, BEN TAHAR: *Papa, was ist ein Fremder? Gespräch mit meiner Tochter*. Berlin: Rowohlt 1999

KABAT-ZINN, MYLA UND JON: *Mit Kindern wachsen. Die Praxis der Achtsamkeit in der Familie.* Freiamt: Arbor 1997

KAHL, REINHARD: *Lob des Fehlers.* Video, Folge 1–4. Hamburg: Pädagogik Verlag o.J.

KAST, VERENA: *Vater-Töchter, Mutter-Söhne. Wege zur eigenen Identität aus Vater- und Mutterkomplexen.* Stuttgart: Kreuz 2002

KÄßMANN, MARGOT: *Erziehung als Herausforderung.* Freiburg: Herder 2001

KEYSERLINGK, LINDE VON: *Da war es auf einmal so still. Vom Tod und Abschiednehmen.* Freiburg: Herder 2001

KEYSERLINGK, LINDE VON: *Geschichten gegen die Angst.* Freiburg: Herder 1999

KEYSERLINGK, LINDE VON: *Geschichten für die Kinderseele.* Freiburg: Herder 1998

KEYSERLINGK, LINDE VON: *Neue Wurzeln für kleine Menschen.* Freiburg: Herder 1998

KRÜLL, MARIANNE: *Mütter und Töchter.* In: Psychologie heute, Juli 2002, Seite 20 f.

LINDGREN, ASTRID: *Madita.* Gesamtausgabe. Hamburg: Oetinger 1992

LINDGREN, ASTRID: *Märchen.* Hamburg: Oetinger 1978

MARONE, NICKY: *Starke Mütter – selbstbewusste Töchter. Mädchen zu erfolgreichen und glücklichen Frauen erziehen.* Frankfurt: Fischer Taschenbuch Verlag 2002

MARONE, NICKY: *Gute Väter, selbstbewusste Töchter. Die Bedeutung des Vaters in der Erziehung.* Frankfurt: Fischer Taschenbuch Verlag 2002

MINKER, MARGARET: *Der Mondring. Feste und Geschenke zur ersten Menstruation.* München: dtv 1996

OAKES-ASH, RACHEL: *Brave Mädchen essen auf.* München: beust-verlag 2001

PAPOUSEK, MECHTHILD: *Wie können wir die Entwicklung unseres Kindes fördern?* In: Handbuch Elternbildung, a.a.O., Seite 485

PEASE, ALLAN & BARBARA: *Warum Männer nicht zuhören und Frauen schlecht einparken.* München: Ullstein 2000

PEASE, ALLAN & BARBARA: *Warum Männer nicht lügen und Frauen immer Schuhe kaufen.* München: Ullstein 2002

PREUSCHOFF, GISELA: *Wenn aus Mädchen Frauen werden. Das Buch für Töchter und Mütter.* Freiburg: Herder 2001

PREUSCHOFF, GISELA: *Kleine und große Ängste bei Kindern. Wie Eltern helfen können.* München: Kösel 1998

PREUSCHOFF, GISELA: *Kuschelbär und Miezekatze. Warum Kinder Tiere brauchen.* Köln: PapyRossa 1995

RICHTER, SIGRUN & BRÜGELMANN, HANS (HG.): *Mädchen lernen anders.* Konstanz: Libelle 1994

SCHNEIDER, SYLVIA: *Lauter starke Mädchen. Ein Buch für Eltern.* Reinbek: Rowohlt 2002

SHER, BARBARA: *Wishcraft. Vom Wunschtraum zum erfüllten Leben.* Tübingen: Universitas 2001

STOLLE, DÖRTE: *Entwicklungskrisen von Mädchen.* Salzhausen: Iskopress 2002

TANNEN, DEBORAH: *Du kannst mich einfach nicht verstehen. Warum Männer und Frauen aneinander vorbeireden.* München: Goldmann 1998

VOPEL, KLAUS W.: *Der fliegende Teppich. Leichter Lernen durch Entspannung.* Teil 1 für Kinder von 6–12. Salzhausen: Iskopress 1995

Internetportale für Mädchen

www.jugendserver.de ist eine nicht kommerzielle Kommunikationsplattform für Jugendliche, die vom Bund und den Trägern der freien Jugendhilfe realisiert wird. Unter dem Stichwort »Themen« finden sich dort auch zahlreiche mädchenspezifische Angebote. Ebenfalls auf dieser Website wird auf die Jugendserver der einzelnen Bundesländer verwiesen, die ihrerseits ebenfalls Angebote für Mädchen bereitstellen. Mittlerweile gibt es auch in vielen Städten Internetangebote für Mädchen mit ortsspezifischen Informationen.

www.kids-an-die-maus.de ist ein Angebot des Bundesministeriums für Wirtschaft und Technologie und bietet vor allem berufsorientierende Hilfestellungen für Mädchen.

www.zickenpost.de ist eine Online-Zeitschrift für Mädchen mit Angeboten aus vielen Themenbereichen und interessanten Links.

www.maedchenwelt-homepage.de.vu wird von »Tritta e.V. – Verein für feministische Mädchenarbeit« in Freiburg verantwortet. Hier findet sich alles, was Mädchenrechte und ihre Wahrnehmung betrifft.

www.jubawo.uni-duesseldorf.de/maedelz.html ist ein Angebot der »Mädelz im Netz«, eine Initiative der AWO-Jugend in Zusammenarbeit mit der Universität Düsseldorf.

www.maedchen.ch ist ein unterhaltsames und informatives Angebot aus der Schweiz, ebenso wie:

www.maedchenonline.ch Beide Angebote enthalten länderspezifische Informationen für Mädchen.

Register